2017 职业资格考试辅导丛书

Gonglu Shuiyun Gongcheng Shiyan Jianceshi Kaoqian Chongci Moni Shiti

公路水运工程试验检测师考前冲刺模拟试题

Gonggong Jichu + Qiaoliang Suidao Gongcheng

（公共基础 + 桥梁隧道工程）

本书编委会　编

人民交通出版社股份有限公司
China Communications Press Co.,Ltd.

内 容 提 要

本书依据2016年版《公路水运工程试验检测专业技术人员职业资格考试大纲》及考试用书相关要求编写，主要包括3套"公共基础"科目和3套"桥梁隧道工程"模拟试题，并附有参考答案及解析。

本书可供报考公路水运工程试验检测师"桥梁隧道工程"专业科目的广大考生参考使用。

图书在版编目(CIP)数据

公路水运工程试验检测师考前冲刺模拟试题．公共基础+桥梁隧道工程／《公路水运工程试验检测师考前冲刺模拟试题(公共基础+桥梁隧道工程)》编委会编．—北京：人民交通出版社股份有限公司，2017.8

ISBN 978-7-114-14085-3

Ⅰ.①公… Ⅱ ①公… Ⅲ.①桥梁工程—试验—资格考试—习题集 ②桥梁工程—检测—资格考试—习题集 ③隧道工程—试验—资格考试—习题集 ④隧道工程—检测—资格考试—习题集 Ⅳ.①U41-44 ②U61-44

中国版本图书馆CIP数据核字(2017)第194297号

书　　名：公路水运工程试验检测师考前冲刺模拟试题(公共基础+桥梁隧道工程)
著 作 者：本书编委会
责任编辑：牛家鸣
出版发行：人民交通出版社股份有限公司
地　　址：(100011)北京市朝阳区安定门外外馆斜街3号
网　　址：http://www.ccpress.com.cn
销售电话：(010)59757973
总 经 销：人民交通出版社股份有限公司发行部
经　　销：各地新华书店
印　　刷：北京鑫正大印刷有限公司
开　　本：787×1092　1/16
印　　张：8.75
字　　数：178千
版　　次：2017年8月　第1版
印　　次：2017年8月　第1次印刷
书　　号：ISBN 978-7-114-14085-3
定　　价：36.00元

前　言

随着我国交通建设事业的快速发展，为了加强公路水运建设项目管理，规范施工过程中试验检测行为，提高试验检测队伍的整体素质和专业技术水平，确保公路水运工程试验检测工作质量，原交通部自1998年以来陆续颁布了《公路水运工程试验检测人员资质管理暂行办法》《公路水运工程试验检测管理办法》和《公路水运工程试验检测人员考试办法》等系列规章制度，启动了公路水运工程试验检测人员从业资格管理。2007年，原交通部基本建设质量监督总站以省为单位组织了公路水运工程试验检测人员业务考试；2009年以来，交通运输部工程质量监督局会同交通运输部职业资格中心，在全国范围内先后组织了六次公路水运工程试验检测人员统一考试。

2015年6月23日，人力资源社会保障部、交通运输部联合印发了《关于印发〈公路水运工程试验检测专业技术人员职业资格制度规定〉和〈公路水运工程试验检测专业技术人员职业资格考试实施办法〉的通知》（人社部发〔2015〕59号），标志着公路水运工程试验检测专业技术人员水平评价类国家职业资格制度正式设立。

2017年度公路水运工程试验检测专业技术人员职业资格考试定于11月18日、19日举行。为了满足广大考生在考前冲刺阶段复习需要，本书依据考试大纲及考试用书相关要求而编写，包括助理试验检测师、试验检测师两个级别。各级别均按照考试科目设置情况为三个分册，即《公共基础＋道路工程》《公共基础＋桥梁隧道工程》《公共基础＋交通工程》。

本书为《公共基础＋桥梁隧道工程》分册，主要包括3套"公共基础"科目和3套"桥梁隧道工程"科目模拟试题，并附有参考答案及解析，可供报考公路水运工程试验检测师"桥梁隧道工程"专业科目的广大考生考前模拟自测使用。

本书编写人员分工如下：重庆交通大学张祖棠负责"公共基础"科目；重庆交通大学曹晓川、施尚伟，重庆市交通工程质量检测有限公司杜松，重庆市政设计研究院工程检测中心李莹雪负责"桥梁隧道工程"科目。

书中难免有疏漏和不当之处，请各位考生提出宝贵意见和建议，以便修订时参考。

本书编委会

2017年7月

目　　录

第一部分　公共基础

模拟试题一

说明:1. 本模拟试题设置单选题40道、判断题30道、多选题25道,总计120分;模拟自测时间为120分钟。

2. 本模拟试题仅供考生进行考前自测使用。

一、单项选择题(下列各题中,只有一个备选项最符合题意,请填写最符合题意的一个备选项,选错或不选不得分。每题1分。)

1. 随机误差源于(　　)。

A. 仪器误差　　B. 人为误差

C. 试剂误差　　D. 不能预料的原因

2. 试验检测用的仪器设备应(　　)来表明其检定或校准的状态。

A. 分类编号　　B. 使用彩色标识

C. 采用唯一性标识　　D. 按照用途存放

3. 检验检测机构的技术记录应包括负责抽样的人员、从事各项检测和校准的人员和结果校核人员的(　　)。

A. 印章　　B. 签字　　C. 标志　　D. 签名

4. 数字45^{+2}_{-3}代表(　　)。

A. 小于47的值均符合要求

B. 大于47的值均符合要求

C. 介于42~47的值均符合要求

D. 介于42~47且包含42和47的值均符合要求

5. 根据标准物质的定义,下列物质中属于标准物质的有(　　)。

A. 用于压实度检测的标准砂

B. 用于石灰检测的标准盐酸试剂

C. 用于水泥细度筛标定的标准粉

D.用于外加剂检测的标准水泥

6.下列选项中,不属于对检测报告格式要求的是(　　)。

A.不准用铅笔书写　　B.不准随意更改

C.采用统一字体大小和仿宋体　　D.采用统一的封面格式

7.《危险化学品安全管理条例》自(　　)起施行。

A.2012年1月1日　　B.2011年12月1日

C.2011年10月25日　　D.2011年2月16日

8.修约97.34,修约间隔为1,正确的是(　　)。

A.97　　B.97.3　　C.97.4　　D.98

9.检测机构被评为丙级后须满(　　)年且具有相应的试验检测业绩后,方可申报上一等级的评定。

A.4　　B.3　　C.2　　D.1

10.检验检测机构管理评审的组织者是(　　),管理评审的目的是就质量方针和目标,对质量体系的现状和适应性进行正式评审。

A.技术负责人　　B.质量负责人

C.最高管理者　　D.质量主管

11.甲级试验检测机构配备试验检测人员中,下列不属于对技术负责人要求的是(　　)。

A.具备质量负责人资格　　B.持试验检测师证书

C.8年以上试验检测工作经历　　D.相关专业高级职称

12.未取得(　　)的检验检测机构,不得开展产品质量检验工作。

A.合法证书　　B.资格认定证书

C.产品合格证书　　D.计量合格证书

13.《公路水运工程试验检测机构等级证书》的有效期为(　　)年。

A.3　　B.7　　C.5　　D.1

14.制定《计量法》的目的是(　　)。

A.加强质量管理　　B.保障生产安全

C.保障量值的准确可靠　　D.维护生产秩序

15.用于校准的设备,其自身的误差应小于或等于被测设备最大允许误差绝对值的(　　)。

A.1/5　　B.1/6　　C.1/3　　D.1/2

16.确认校准后仪器设备是否满足要求的依据是(　　)。

A.校准规范　　B.校准规程

C.作业指导书　　D.设备说明书

17.下列关于选择试验检测仪器设备期间核查标准的说法,错误的是(　　)。

A. 若存在合适的比较稳定的实物量具,就可以作为核查标准

B. 若存在合适的比较稳定的被测物品,也可选用一个被测物品作为核查标准

C. 机构应对所有在用仪器设备开展期间核查,尤其是那些性能稳定,使用频率不高,不易损坏的仪器设备更需要进行期间核查

D. 若对于某个仪器设备,不存在可作为核查标准的实物量具或稳定的被测物品,则可不进行期间核查

18. 下列选项中,(　　)不属于实验室检测/校准报告证书中的印章符号。

A. CNAS　　B. CMA　　C. CAL　　D. CMC

19. 授权签字人是指签发报告的人,应是(　　)。

A. 检测机构的最高管理者

B. 检测机构的技术负责人

C. 检测机构的质量负责人

D. 由检测机构推荐经评审部门考核合格的人

20. 设备比对应具备的条件不包括(　　)。

A. 相同的操作者　　B. 类似的被测对象

C. 相同的地点　　D. 相同的测量系统

21. 质监机构实施监督检查时,不会采取的措施有(　　)。

A. 进入检测机构的工作场地现场抽查

B. 约谈机构负责人、暂停机构检测活动

C. 责令即时改正或限期整改

D. 查阅、记录、复制与检查相关的事项和资料

22. 由于工期紧,客户要求检测机构缩短标准、规范规定的样品养生时间或样品静置时间完成检测项目时,应做以下(　　)处理。

A. 不接受客户的要求　　B. 依据采用非标准方法程序

C. 依据允许偏离的程序　　D. 依据不符合检测工作的程序

23. 检验检测机构为查找问题的根本原因,实施纠正措施应从(　　)开始。

A. 分析　　B. 调查　　C. 检查　　D. 评审

24. 试验检测师应当通过(　　)专业科目的考试。

A. 任意一门　　B. 2 门或 2 门以上

C. 至少 3 门　　D. 全部 5 门

25. 双学士学位研究生申报试验检测师,需毕业后累计从事试验检测工作(　　)年以上。

A. 2　　B. 3　　C. 4　　D. 5

26. 按照《检验检测机构资质认定管理办法》(质检总局令第 163 号)规定,检验检测机构

资质认定标志,由 China Inspection Body and Laboratory Mandatory Approval 的英文缩写 CMA 形成的图案和由一些代码组成的资质认定证书 12 位编号构成。下面选项中,不属于编号代码内容的是(　　)。

A. 发证年份代码　　B. 发证机关代码

C. 发证省别代码　　D. 专业领域类别代码

27. 实验室每年至少开展一次内部审核,需增加内审次数的情况为(　　)。

A. 实验室搬迁　　B. 增加新人员

C. 业务范围扩大　　D. 有客户投诉

28. 依据《公路试验检测数据报告编制导则》的规定,下列不属于试验检测报告基本信息区内容的是(　　)。

A. 报告编号　　B. 工程名称

C. 试验依据　　D. 判定依据

29. 检验检测机构自被撤销资质认定之日起(　　)年内,不得再次申请资质认定。

A. 1　　B. 2　　C. 3　　D. 5

30. 有关仪器设备检定校准状态标识的使用,正确的做法是(　　)。

A. 仪器设备的校准的多个参数中,其中有一个参数误差通过修正后满足要求,其余参数均满足要求,该设备加贴绿色标识

B. 仪器设备的校准的多个参数中,其中有一个参数误差通过修正后满足要求,其余参数均满足要求,该设备合格部分加贴绿色标识,有修正部分贴黄色标识

C. 仪器设备校准的多个参数中,其中有一个参数误差通过修正后满足要求,其余参数的标准误差均符合要求,该设备加贴黄色标识

D. 仪器设备校准的多个参数中,其中有一个参数误差通过修正后满足要求,其余参数的标准误差均符合要求,该设备加贴红色标识

31. 检验检测机构的资质认定是法律法规规定的(　　)行为。

A. 管理　　B. 强制性

C. 自愿　　D. 第三方

32. 校准结果既可给出被测量的示值,又可以确定示值的(　　)。

A. 精密度　　B. 偶然误差

C. 修正值　　D. 系统误差

33. 实验室应建立和维持程序来控制构成其(　　)的所有文件。

A. 质量体系　　B. 管理体系

C. 文件体系　　D. 文件程序

34. 实验室所有的记录应予以安全保护和(　　)。

A. 存档　　B. 维护　　C. 保密　　D. 监督

35. 在某些技术领域,如(　　)中要求从事某些工作的人员持有个人资格证书,检验检测机构有责任满足这些专门人员的持证上岗要求。

A. 无机结合料检测　　B. 水泥检测

C. 路面检测　　D. 结构无损检测

36. 资质认定的评审内容包括以下哪几个方面(　　)。

①组织机构;②仪器设备;③检测工作;④人员;⑤环境;⑥工作制度;⑦检测报告

A. ①②④⑤⑥⑦　　B. ①②③④⑤⑦

C. ①②③④⑥⑦　　D. ①②③④⑤⑥

37. 检验检测机构可以分包的情形是(　　)。

A. 不具备检测能力　　B. 工作量大,时间要求紧的

C. 出口检验项目　　D. 仪器设备使用频次低的项目

38. 选择合格仪器设备的供应商服务单位时,一般应评价其(　　)。

A. 售后服务水平　　B. 产品价格

C. 产品质量　　D. 单位规模

39. (　　)是检验检测机构合同评审的结果。

A. 检测报告　　B. 检定证书

C. 程序文件　　D. 检测委托书

40. 公路水运检测机构的工地试验室设立实行(　　)。

A. 报批备案制　　B. 登记备案制

C. 批准备案制　　D. 报批登机制

二、判断题(请对下列题述观点正确与否进行判断,判断准确得分,否则不得分。每题1分。)

1. 测量正确度是无穷多次重复测量所得量值的平均值与一个参与量值之间的一致程度。

(　　)正确　　(　　)不正确

2. 实验室开展新项目时,应组织比对验证试验进行能力确认。

(　　)正确　　(　　)不正确

3. 扩展不确定度是由合成标准不确定度的倍数表示的测量不确定度。

(　　)正确　　(　　)不正确

4.《公路水运工程试验检测信用评价办法(试行)》对试验检测机构信用评价划分为五个等级。

(　　)正确　　(　　)不正确

5. 比对是在规定的条件下,对相同类型的准确度等级或指定不确定度范围的同种测量仪器复现的量值之间比较的过程。

(　　)正确　　(　　)不正确

6. 系统误差可利用修正值进行补偿,这种补偿并不完全。

(　　)正确　　(　　)不正确

7. 工程建设项目同一合同段中的施工和监理单位不得将外委试验委托给同一检测单位。

(　　)正确　　(　　)不正确

8. 为了评定计量器具的技术特性,计量检定规程规定了检定参数和范围。

(　　)正确　　(　　)不正确

9. 如果试验检测机构承接的检测参数既未通过等级评定也未通过计量认证的,就属于超业务范围,检测机构不可以出具报告。

(　　)正确　　(　　)不正确

10. 检测机构存在多个试验场所时,其每个分场所都需建立各自的质量体系。

(　　)正确　　(　　)不正确

11. 连续2年被评为信用较差的人员,其信用等级直接按很差发布,并列入黑名单。

(　　)正确　　(　　)不正确

12. 试验检测人员参加继续教育是个人行为,与所在的试验检测机构无关。

(　　)正确　　(　　)不正确

13. 工地试验室非授权助理试验检测师需注册登记在母体检测机构。

(　　)正确　　(　　)不正确

14.《公路试验检测数据报告编写导则》记录中的复核人与报告的审核人需具备检测试验检测师资格。

(　　)正确　　(　　)不正确

15. 客户以口头形式表达的投诉,实验室应该记录归档。

(　　)正确　　(　　)不正确

16. 强制检定的计量标准和强制检定的工作计量器具,统称为强制检定的计量器具。

(　　)正确　　(　　)不正确

17. 交通行业试验室的所有试验检测设备都必须依法送检定或校准。

(　　)正确　　(　　)不正确

18. 母体检测机构上年度信用评价等级在C级以上的检测机构不宜作为授权设立工地试验室的母体检检机构。

(　　)正确　　(　　)不正确

19. 检测机构参加交通运输部组织的比对试验,连续2次(或2年)出现“不满意”结果时,则要降低机构等级。

(　　)正确　　　　　　　　(　　)不正确

20. 公路水运试验检测机构换证复核不合格的，由质监机构责令进行整改，整改期内，可承担质量评定和工程验收的试验检测业务。

(　　)正确　　　　　　　　(　　)不正确

21. 规范是对某一阶段或某种结构的某项任务的目的、技术内容、方法、质量要求等作出的系列规定。

(　　)正确　　　　　　　　(　　)不正确

22. 试验检测师应当通过公共基础科目和至少一门专业科目的考试可以取得上岗证书，高级工程师免考公共基础。

(　　)正确　　　　　　　　(　　)不正确

23. 当一台设备需对多个参数进行校准时，参数合格的部分可粘贴绿色标识，误差超出合格范围但可降级使用的部分粘贴黄色标识。

(　　)正确　　　　　　　　(　　)不正确

24. 测量仪器即测量设备，是用于进行测量的装置。

(　　)正确　　　　　　　　(　　)不正确

25. 公路水运工程试验检测专业技术人员职业资格考试合格后证书全国行业有效。

(　　)正确　　　　　　　　(　　)不正确

26. 根据国家有关法律、法规的规定，依据工程建设技术标准、规范、规程，对公路水运工程所用材料、构件、工程制品、工程实体的质量和技术指标等进行的试验检测活动，叫公路水运工程试验检测。

(　　)正确　　　　　　　　(　　)不正确

27. 对工地临时试验室进行活动的监督，只应由母体试验室进行。

(　　)正确　　　　　　　　(　　)不正确

28. 公路水运工程试验检测机构的等级评定和换证复核都是以书面审查为主，必要时可进行现场评审。

(　　)正确　　　　　　　　(　　)不正确

29. 检测机构在同一公路水运工程项目标段中，不得同时接受业主、监理、施工等三方的试验检测委托任务。

(　　)正确　　　　　　　　(　　)不正确

30. JTG D54—2001 可以解读为交通运输部公路工程标准 D 类第 5 种的第 4 项标准，破折号后是发布年。

(　　)正确　　　　　　　　(　　)不正确

三、多项选择题(在下列各题的备选答案中,有两个或两个以上的备选项符合题意,请填写符合题意的备选项,选项部分正确按比例得分,出现错误选项该题不得分,完全正确的得满分。每题2分。)

1. 质量检验的可靠性与(　　)有关。

A. 样品的规格　　B. 质量检验手段的可靠性

C. 仪器设备的量程　　D. 抽样检验方法的科学性

2. 下列申请人中,(　　)有权向省级以上质量技术监督部门提出质量鉴定申请。

A. 司法机关

B. 处理产品质量纠纷的有关社会团体

C. 产品质量争议双方当事人

D. 质量技术监督部门或者其他行政管理部门

3. 行业标准的编号由(　　)组成。

A. 国家标准代号　　B. 行业标准代号

C. 标准顺序号　　D. 年号

4. 误差就其性质而言,可分为(　　)。

A. 系统误差　　B. 随机误差

C. 综合误差　　D. 过失误差

5. 以标准正态分布为例,统计分布中常见的术语有(　　)。

A. 置信概率　　B. 置信频率

C. 置信区间　　D. 置信因子

6. 实验室应依据(　　)建立质量管理体系。

A. ISO 9000 系列质量管理体系

B. 实验室资质认定评审准则

C. ISO 18000 系列质量管理体系

D. ISO/IEC 17025 检测和校准实验室能力的认可准则

7. 服从正态分布的随机误差具有如下(　　)特点。

A. 单峰性　　B. 对称性

C. 周期性　　D. 抵偿性

8. 下列描述样品检验状态的标识,正确的是(　　)。

A. 未检　　B. 在检　　C. 检毕　　D. 强检

9. 下列哪些行为是属于违规使用行业证书(　　)。

A. 同一个人将监理证书与检测证书同时注册在不同的法人单位

B. 将已取得证书复制后使用

C. 同一个人将助理试验检测师证书与检测试验检测师证书同时分别用于不同项目的工地试验室备案

D. 同一个检测试验检测师证书注册单位和工地试验室授权书单位不一致

10. 下列哪些情况属于报告签字人不具备资格(　　)。

A. 试验助理试验检测师对记录复核签字

B. 取得公路专业试验检测试验检测师资格证书在水运工程材料报告中签字

C. 隧道专业试验检测试验检测师在基桩检测报告中签字

D. 试验检测试验检测师经母体授权负责工地试验室管理,其证书未注册登记

11. 测力环经校准,测得力值与百分表读数如下:

力值(kN)(X)	0	1	2	3	4	5
百分表读数(mm)(Y)	1.000	1.440	1.878	2.330	2.780	3.246

对校准结果确认计算正确的是(　　)。

A. $Y=2.2288X-2.2079, R^2=0.999$　　B. $Y=0.4486X+0.9908, R^2=0.999$

C. $Y=2.2288X+2.2079, R^2=0.999$　　D. $Y=0.4486X-0.9908, R^2=0.999$

12. 下列关于试验方法与判定标准的选择,表述正确的是(　　)。

A. 国家标准与交通行业标准并存时,优先采用交通行业标准

B. 优先采用最新发布的国家标准或交通行业标准

C. 根据判定标准选择试验方法

D. 如果交通行业标准引用了国家标准,当国家标准发生更新时,优先采用国家标准

13. 检测人员证书到期,发证部门应对其(　　)进行审核后,方可决定是否允许其继续从事检测活动。

A. 参加继续教育情况　　B. 参加能力验证情况

C. 信用记录　　D. 业绩

14. 为保证检测结果客观准确,常用的结果质量控制方法有(　　)。

A. 使用有证标准物质　　B. 人员比对

C. 设备比对　　D. 留样再测

15. 安全生产费用可以用于(　　)。

A. 购买灭火器材、消防设施和设置消防通道

B. 购买安全帽、防护服、防毒面具等

C. 生产条件的改善

D. 人员的安全培训

16. 下列情况属于自校准的是(　　)。

A. 试验室人员对自用试模的校准

B. 全站仪开机时的设备自我校准

C. 设备厂家对提供的无溯源证书的标准样品的校准

D. 试验室对设备进行期间检查

17. 载重为 8 吨的汽车采用重力表述,下列选项中错误的是(　　)。

A. 8t　　B. 79kN　　C. 8kN　　D. 800kN

18. 下列关于试验检测报告用章,表述正确的有(　　)。

A. 通过 CMA 认证但等级证书中未批准的参数,报告左上角应加盖"CMA"标识

B. 通过计量认证的参数,加盖"CMA"印章标识在报告的右上角

C. 等级证书中未批准且未通过 CMA 认证的参数,报告不加盖任何标识

D. 通过 CMA 认证并在等级证书中批准的参数,报告左上角应加盖"CMA"标识,报告右上角应加盖等级证书标识"J"

19. 当出现下列(　　)情况时,试验检测机构的原等级证书失效。

A. 等级证书到期未按规定期限申请换证核查

B. 换证复核时被注销等级证书

C. 试验检测机构将业务转包、违法分包的

D. 试验检测机构法人、技术负责人、质量负责人发生变更后未办理相应手续

20. 自校准的设备应满足下列哪些条件(　　)。

A. 使用频率较高的设备

B. 使用环境恶劣的

C. 设备厂家提供了无溯源证书的标准样品

D. 设备自带校准程序

21. 工地试验室标准化建设的核心不包括(　　)。

A. 质量管理信息化　　B. 检测工作智能化

C. 硬件建设标准化　　D. 数据报告标准化

22. 试验室所用的烘箱在示值为 105℃处的实测值为 108℃,烘箱在此处的相对误差错误的是(　　)。

A. 2.86%　　B. −3℃　　C. −2.86%　　D. 3℃

23. 下列选项中,属于系统抽样的有(　　)。

A. 定位系统抽样　　B. 等距抽样

C. 散料抽样　　D. 分层抽样

24. 在能力验证活动中,对于定性数据和半定量结果的评价结论一般表述为(　　)。

A. 差　　B. 满意　　C. 优秀　　D. 离群

25. 以下物质中,属于标准物质的有(　　)。

A. 外加剂试验用基准水泥　　B. 筛孔标定用标准粉

C. 石灰试验用标准盐酸　　D. 标准砂

模拟试题二

说明:1. 本模拟试题设置单选题40道、判断题30道、多选题25道,总计120分;模拟自测时间为120分钟。

2. 本模拟试题仅供考生进行考前自测使用。

一、单项选择题(下列各题中,只有一个备选项最符合题意,请填写最符合题意的一个备选项,选错或不选不得分。每题1分。)

1. 下列说法中正确的是(　　)。

A. 标准偏差大,变异系数亦大

B. 变异系数大,样本数据的波动性就大

C. 标准偏差反映样本数据的相对波动状况

D. 变异系数大,标准偏差亦大

2. (　　)为国际单位制单位。

A. 海里　　B. 分贝　　C. 千克　　D. 吨

3. 检验检测机构应具有安全处置、运输、存放、使用和有计划维护(　　)的程序,以确保其功能正常并防止污染或性能退化。

A. 测量系统　　B. 测量数据

C. 测量设备　　D. 校准设备

4. (　　)是我国法定计量单位。

A. 升　　B. 毫升　　C. 尺　　D. 克

5. 要实施盲样管理,样品标识中不得出现的信息是(　　)。

A. 样品名称　　B. 样品编号

C. 委托方的信息　　D. 规格及型号

6. 根据《计量法》的规定,法定计量单位是由(　　)承认、具有法定地位的计量单位。

A. 县级以上标准化行政主管部门　　B. 国家法律法规

C. 政府机关　　D. 计量行政主管部门

7. 检验检测机构的质量方针应该由(　　)批准正式发布。

A. 质量负责人　　B. 质量主管

C. 技术管理者　　D. 最高管理者

8. 计量认证的专业类别代码中，代表交通的是(　　)。

A. R　　B. N　　C. P　　D. Y

9. CMA 是(　　)的英文缩写。

A. 中国计量认证　　B. 国际计量认证

C. 计量合格证　　D. 计量资格证

10. 实验室质量管理体系文件自发布后，至少运行(　　)个月，才能进行计量认证评审。

A. 1　　B. 3　　C. 6　　D. 12

11. 负责公路水运工程试验检测机构乙级等级评定的机构是(　　)。

A. 省(市)级质量监督局　　B. 国务院主管部门

C. 交通运输部质监总站　　D. 省(市)交通质监机构

12. 依据《公路试验检测数据报告编写导则》的要求，报告落款区的信息有(　　)。

A. 编制人　　B. 审核人

C. 试验日期　　D. 监理见证人

13. 关于等级证书复核换证的基本条件，下列表述正确的是(　　)。

A. 设备环境满足等级标准要求

B. 信用等级不得有 C 级

C. 证书有效期内开展的参数不小于 75%

D. 甲级及专项类检测机构应有高速公路和大型水运工程现场检测项目或工地试验室业绩

14. 实验室的监督人员应对(　　)进行监督。

A. 检测的整个过程　　B. 检测的某一工序

C. 检测的关键环节　　D. 随机抽取的一个环节

15. 国家法定计量单位的名称由(　　)公布。

A. 全国人大常委会　　B. 国务院计量行政部门

C. 中国计量测试学会　　D. 国务院

16. 对同样的极限数值，如果它本身符合要求，则(　　)。

A. 修约值比较法比全数值比较法相对较严格

B. 全数值比较法比修约值比较法相对较严格

C. 两者是一样的

D. 两者没有关系

17. 检验检测机构管理体系的内容是以满足(　　)的需要为准。

A. 体系要求　　B. 质量目标

C. 顾客要求　　D. 公司要求

18. 仪器设备的状态标识中,表明仪器设备存在部分缺陷,但在限定范围内可以使用的应为(　　)标志。

A. 绿色　　B. 黄色　　C. 红色　　D. 白色

19. 向社会出具具有证明作用报告的检验检测机构,其建立的质量体系应符合(　　)的要求。

A.《公路水运工程试验检测管理办法》

B.《检验检测机构资质认定管理办法》

C.《检测和校准实验室能力的通用要求》

D. ISO 9001 质量体系

20. 为确保检验检测机构文件现行有效,需要采取(　　)措施。

A. 指定专人保管文件　　B. 实验室的所有文件都加盖受控章

C. 文件必须存放在指定的地方　　D. 建立文件控制程序

21. 计量溯源是指检验检测机构确保检测结果能够溯源至(　　)的要求。

A. 国家基标准　　B. 法定计量单位

C. 国家标准　　D. 地方计量标准

22. 由下列一组实测值得出"报出值","修约值"多保留 1 位,并将其修约到个位数,表达正确的是(　　)。

序号	实测值	报出值	修约值
①	15.4726	15.5^-	16
②	25.5462	25.5^+	26
③	-18.5201	-18.5^+	-18
④	-14.5000	-14.5	14

A. ①②③④　　B. ①③　　C. ②③　　D. ②

23. 一般来讲,从所包括的内容上比较,检定比校准包括的内容(　　)。

A. 更少　　B. 更多

C. 一样多　　D. 选项 ABC 均不正确

24. 换证复核合格的,予以换发新的《等级证书》,证书有效期为(　　);不合格的,质监机构应当责令其在(　　)内进行整改,整改期内不得承担质量评定和工程验收的试验检测业务。

A. 3 年; 6 个月　　B. 3 年; 3 个月

C. 5 年; 6 个月　　D. 5 年; 3 个月

25. 校准是在规定的条件下,为确定仪器或测量系统所指示的量值,与对应标准复现的量值之间的关系操作,即被校的计量器具与高一级的计量标准相比较,以确定被校计量器具的示值(　　)的全部工作。

A. 合格与否　　B. 精密度　　C. 一致性　　D. 误差

26. 下列选项中,(　　)不属于《公路水运工程试验检测机构等级证书》中应当注明的关于检测机构的内容。

A. 授权签字人　　B. 项目范围　　C. 类别　　D. 等级

27. 检测是按照规定的程序,为了确定给定的产品、材料、设备、生物体、物理现象、工艺过程或服务的一种或多种(　　)的技术操作。

A. 特性或性能　　B. 重复性和复现性

C. 试验数据　　D. 性能和评定

28. 实验室技术记录应包括负责抽样的人员、从事各项检测和校准的人员和结果校核人员的(　　)。

A. 印章　　B. 签字　　C. 标志　　D. 签名

29. 检验检测机构内部审核的周期通常为(　　)。

A. 2 年　　B. 1 年　　C. 6 个月　　D. 3 个月

30. 管理评审是实验室的执行管理层根据预定的日程和程序,定期对实验室的质量体系检测和校准活动进行评审,典型的周期为(　　)。

A. 1 个月　　B. 12 个月　　C. 24 个月　　D. 不定期

31. 选择合格仪器设备的检定/校准服务单位,一般应评价(　　)。

A. 检定/校准服务实验室的规模　　B. 检定/校准服务机构的检定资质

C. 检定/校准服务实验室的性质　　D. 检定/校准服务机构的部门属性

32. 机构负责人、技术负责人等发生变更的,应当自变更之日起(　　)日内,到原发证质监机构办理变更登记手续。

A. 15　　B. 7　　C. 10　　D. 30

33. 母体试验检测机构要对工地试验室进行授权,下列不属于授权内容的是(　　)。

A. 母体试验室的设备使用权　　B. 授权工地试验室的公章

C. 授权期限　　D. 授权负责人

34.《公路水运工程试验检测人员继续教育办法(试行)》的实施时间是(　　)。

A. 2011 年 10 月 25 日　　B. 2011 年 12 月 1 日

C. 2012 年 1 月 1 日　　D. 2012 年 3 月 1 日

35. 资质认定办理时限的规定要求,受理决定必须在(　　)个工作日内作出,并且在(　　)个工作日内完成技术评审。

A. 5；30　　B. 5；20　　C. 5；45　　D. 7；45

36. 合同评审是指在合同签订之前,由检验检测机构(　　)进行的系列评审活动。

A. 检测室主任　　B. 样品管理员

C. 程序文件规定的业务人员　　D. 技术负责人

37. 下列情形中,属于轻微违法,由县级以上质量技术监督部门责令其 1 个月内改正,逾期未改正或者改正后仍不符合要求的,处 1 万元以下罚款,处罚期间仍可对外出报告的是(　　)。

A. 未按照资质认定部门要求参加能力验证或者比对的

B. 出具的检验检测数据、结果失实的

C. 超出资质认定证书规定的检验检测能力范围,擅自向社会出具具有证明作用数据、结果的

D. 非授权签字人签发检验检测报告的

38. 当检验检测机构发生资质认定检验检测项目取消情形时,应该采取的方法是(　　)。

A. 向资质认定部门申请办理变更手续

B. 自行从机构参数表内取消,并以某种形式公示

C. 自行从机构参数表内取消,并报相关部门备案

D. 自行从机构参数表内取消

39. 为保证检验检测结果的(　　),检验检测机构应当确保其相关测量和校准结果能够溯源至国家标准。

A. 可靠性　　B. 正确性

C. 精确性　　D. 准确性

40. 检验检测机构应当建立并保持出现不符合工作的(　　)。

A. 纠正措施　　B. 偏离程序

C. 处理程序　　D. 预防措施

二、判断题(请对下列题述观点正确与否进行判断,判断准确得分,否则不得分。每题 1 分。)

1. 修正值等于负的随机误差估计值。

(　　)正确　　(　　)不正确

2. 报告的扉页未记录有试验检测的数据和结论,因此不记入报告的总页数。

(　　)正确　　(　　)不正确

3. 自校准是试验检测机构使用自有人员、设备及环境等条件,为保证仪器设备量值准确、可靠而开展的校准活动。

(　　)正确　　(　　)不正确

4. 工地试验室及现场检测出具虚假数据报告并造成质量标准降低的,信用评价扣 100 分。

(　　)正确　　　　　　　　　　(　　)不正确

5. 授权机构相同,同期在同一项目不同的路基工地试验室任试验员,属于同时受聘于两家以上的工地试验室。

(　　)正确　　　　　　　　　　(　　)不正确

6. 检测机构参加交通运输部组织的比对试验中,连续 2 次出现"不满意"结果,将被降低机构等级。

(　　)正确　　　　　　　　　　(　　)不正确

7. 测力环经校准,测得力值与百分表读数结果如下:

力值(kN)(X)	0	10	20	30	40	50
百分表读数(mm)(Y)	1.000	1.784	2.572	3.380	4.183	4.990

校准结果确认为 $Y = 0.0799X + 0.988$,$R^2 = 1$。

(　　)正确　　　　　　　　　　(　　)不正确

8. 检测机构可设立工地临时试验室,承担相应公路水运工程的试验检测业务,并对其试验检测结果承担责任。检测机构应该负责工地临时试验室的业务指导、行政管理、监督检查。

(　　)正确　　　　　　　　　　(　　)不正确

9. 母体试验检测机构取得资质认定证书,其设立的工地试验室在出具批准的认证参数的试验报告时,也可加盖 CMA 标识用章。

(　　)正确　　　　　　　　　　(　　)不正确

10. 已经检定的设备无需对其检定结果进行确认。

(　　)正确　　　　　　　　　　(　　)不正确

11. 计量确认是确保测量设备处于满足预期使用要求的状态所需要的一组操作。

(　　)正确　　　　　　　　　　(　　)不正确

12. 生产企业内部的检验检测机构也可以申请资质认定。

(　　)正确　　　　　　　　　　(　　)不正确

13. 当测试方法发生偏离时,出具的试验报告应对偏离情况作出说明,而对被检测样品不再作出合格与否结论。

(　　)正确　　　　　　　　　　(　　)不正确

14.《公路试验检测数据报告编写导则》规定了记录和报告的唯一标识编码规则。

(　　)正确　　　　　　　　　　(　　)不正确

15. 工地试验室应在其母体检测机构授权的项目及参数范围内开展检测活动,如有属规范变化而新增参数的,可以根据需要开展检测活动。

(　　)正确　　　　　　　　　　(　　)不正确

16. 纠正措施就是对检验检测机构发现的不符合工作立即采取纠正。

(　　)正确　　　　　　　　　　(　　)不正确

17. 两个独立事件 M、N 发生的概率分别为 $P(M)$、$P(N)$,则 $P(M+N)=P(M)+P(N)$。

(　　)正确　　　　　　　　　　(　　)不正确

18. 用于贸易结算、安全防护、医疗卫生、环境监测方面的工作计量器具,必须遵行强制检定原则。

(　　)正确　　　　　　　　　　(　　)不正确

19. 周期检定是按时间间隔和规定程序,对仪器设备定期进行的一种后续检定。

(　　)正确　　　　　　　　　　(　　)不正确

20. 能力验证提供测试样品的均匀、稳定是利用实验室间比对进行能力验证的关键。

(　　)正确　　　　　　　　　　(　　)不正确

21. 记录表是用来记录试验的数据和相关信息的,具有唯一性。

(　　)正确　　　　　　　　　　(　　)不正确

22. 对带有合格证的出厂设备进行检定校准是设备销售的需要,对保证试验检测数据准确可靠并无作用。

(　　)正确　　　　　　　　　　(　　)不正确

23. 扩展不确定度是合成不确定度与一个大于 1 的数字因子的乘积。

(　　)正确　　　　　　　　　　(　　)不正确

24. 实验室间的比对结果评价标准应由实验室根据自身的实验水平预先确定。

(　　)正确　　　　　　　　　　(　　)不正确

25. 外资、分支机构申请资质认定按照规定必须具备 3 年及 3 年以上在所在国或者地区从事相关检测活动的业务经历。

(　　)正确　　　　　　　　　　(　　)不正确

26. 只有客户以书面形式表达的对检验检测机构的检验检测服务或者数据、结果的质量或服务上的不满意或者抱怨才能叫投诉。

(　　)正确　　　　　　　　　　(　　)不正确

27. 检测机构的检验检测报告和原始记录归档应该留存 6 年,以保证其具有可追溯性。

(　　)正确　　　　　　　　　　(　　)不正确

28. 对委托检测检测报告不能有“仅对来样负责”表述。

(　　)正确　　　　　　　　　　(　　)不正确

29. 公路水运工程安全生产监督管理的方针是坚持“安全第一、预防为主、综合治理”。

(　　)正确　　　　　　　　　　(　　)不正确

30. 名为"诚信衡器"的店家不可以制造、修理简易的计量器具。

(　　)正确　　　　(　　)不正确

三、多项选择题(在下列各题的备选答案中,有两个或两个以上的备选项符合题意,请填写符合题意的备选项,选项部分正确按比例得分,出现错误选项该题不得分,完全正确的得满分。每题2分。)

1.《计量法》中规定的"使用不合格的计量器具"是指(　　)。

A. 使用的设备未经检定　　B. 超过检定合格有效期的设备

C. 经检定不合格的计量器具　　D. 未按规定进行期间核查的设备

2. 检测过程中使用不合格的计量器具或者破坏计量器具准确度,给国家和消费者造成损失的,除处罚款外还应(　　)。

A. 没收违法所得　　B. 暂停涉事检测人员检测业务

C. 责令赔偿损失　　D. 没收计量器具

3. 下列关于因果图的表述,错误的是(　　)。

A. 一种逐步深入研究和讨论质量问题的图示方法

B. 优于直方图

C. 又称特性要素图

D. 因果图可称为巴氏图

4. 国家法定计量检定机构的计量检定人员,必须具备(　　)的条件。

A. 经县级以上人民政府计量行政部门考核合格

B. 经县级以上人民政府计量行政部门任命

C. 取得资格证书

D. 经县级以上人民政府计量行政部门批准

5. 实验室能力验证的类型包括(　　)。

A. 测量对比　　B. 分割样品检测对比

C. 设备对比　　D. 人员对比

6. 下列选项中,(　　)属于组合单位。

A. 立方米　　B. 秒　　C. 千克　　D. 每米

7. 下列选项中,(　　)属于试验室超业务范围进行检测活动。

A. 母体检测机构开展等级证书未批准的参数,报告加盖试验检测专用章

B. 母体检测机构开展的参数通过计量认证,报告加盖CMA印章

C. 工地试验室被授权的参数未在等级证书范围,但在计量认证参数范围

D. 工地试验室被授权的参数不在等级证书范围,但属于规范新增参数

8. 依据实验室评审准则,监督应重点考虑(　　)的情况。

A. 新上岗人员　　B. 设备经过维修后的项目或参数

C. 新开展的项目　　D. 标准、规范发生变化后的项目或参数

9. 抽样检验是指抽取的样品应当具有(　　)。

A. 经济性　　B. 代表性

C. 特定性　　D. 随机性

10. 工地试验室标准化建设的核心是 (　　)。

A. 质量管理精细化　　B. 检测工作科学化

C. 硬件建设标准化　　D. 数据报告公正化

11. 承担公路水运工程质量事故鉴定的试验检测机构应满足以下(　　)条件。

A. 取得由交通运输主管部门颁发的《等级证书》

B. 通过计量认证

C. 通过国家实验室认可

D. 取得由交通运输主管部门颁发的甲级或者相应专项能力的《等级证书》

12. 实验室建立的管理体系要满足实验室资质认定评审准则的要求,因此要具有(　　)等特性。

A. 系统性　　B. 科学性

C. 有效性　　D. 完整性

13. 申请换证复核的试验检测机构应符合的基本条件是(　　)。

A. 上年度信用等级为 B 级以上

B. 等级证书有效期内信用等级为 C 级的次数不超过一次

C. 等级证书有效期内开始的试验检测参数应覆盖批准的所有试验检测项目且不少于批准参数的 70%

D. 具有不少于一项公路水运工程现场检测项目或设立工地试验室业绩

14. 检定/校准的对象通常为(　　)。

A. 检测设备　　B. 标准物质

C. 测量仪器　　D. 样品

15. 下列有关随机测量误差的表述,正确的是(　　)。

A. 随机测量误差的参考量值是对同一被测量由无穷多次重复测量得到的平均值

B. 随机测量误差的参考量值是对不同被测量由无穷多次重复测量得到的平均值

C. 随机测量误差等于测量误差减系统测量误差

D. 随机测量误差等于测量误差减系统测量误差的估计值

16. 下列选项中,(　　)可作为复核换证试验检测机构业绩的报告。

A. 母体机构出具的试验报告

B. 参加能力验证的项目或报告

C. 母体机构授权工地试验室出具的报告

D. 模拟试验出具的报告

17. 下列选项中,(　　)可以通过验证方式进行溯源。

A. 未经定型的专用检测仪器设备

B. 借用的永久控制范围以外的仪器设备

C. 暂不能溯源到国家基准的设备

D. 作为工具使用不传输数据的仪器设备

18. 下列对重复抽样的表述,正确的是(　　)。

A. 重复抽样属于随机抽样

B. 重复抽样能确保全部样本被抽中的概率相等

C. 重复抽样是每次从总体中随机抽取的一个样本观察后不再放回总体的一种抽样方式

D. 重复抽样是每次从总体中随机抽取的一个样本观察后重新放回总体的一种抽样方式

19. 能力验证计划的基本步骤包括(　　)。

A. 指定值的确定　　B. 能力统计量的计算

C. 能力评定　　D. 能力验证物品均匀性和稳定性的评定

20. 试验检测机构、工地试验室及现场检测项目信用评价的依据包括(　　)。

A. 各级质监机构开展的监督检查中发现的违规行为

B. 上一年度信用评价时发现的严重违规行为

C. 交通运输主管部门通报批评中的违规行为

D. 投诉举报查实的违规行为

21. 资质认定活动的管理主体是(　　)。

A. 国家认监委　　B. 县级以上质监行政部门

C. 直属检验检疫局　　D. 省(市)质监行政部门

22. 资质认定应该经过的环节包括(　　)。

A. 受理　　B. 技术评审

C. 行政审批　　D. 发证

23. 在表征硅含量(%)(极限数值为≤0.05)其测定值或者计算值按照修约值比较法修约后符合要求的值是(　　)。

A. 0.054　　B. 0.060　　C. 0.055　　D. 0.046

24. 延续证书有效期,资质认定部门可以采取书面审查和现场评审两者方式,作出是否准予延续的决定。如采用书面审查的方式延续证书,检验检测机构需要(　　)。

A. 提交相关具备资质能力的证明材料

B. 以公开方式,作出诚信承诺

C. 公布其遵守法律法规、独立公正从业、履行社会责任等情况的自我声明

D. 对自我声明的真实性负责

25. 授权签字人签发试验检测报告需确认的必要信息包括(　　)。

A. 委托单的信息

B. 原始记录与报告信息的一致

C. 试验检测人员持证是否满足要求

D. 仪器设备是否合格

模拟试题三

说明:1. 本模拟试题设置单选题40道、判断题30道、多选题25道,总计120分;模拟自测时间为120分钟。

2. 本模拟试题仅供考生进行考前自测使用。

一、单项选择题(下列各题中,只有一个备选项最符合题意,请填写最符合题意的一个备选项,选错或不选不得分。每题1分。)

1.“为社会提供公正数据的产品质量检验机构,必须经省级以上人民政府计量认证行政部门计量认证。”此规定出自(   )。

A.《计量法》　　B.《计量法实施细则》

C.《标准化法》　　D.《认证认可条例》

2. 根据《检验检测机构资质认定评审准则》规定,检验检测机构的最高管理者有权批准发布(   )。

A. 质量目标　　B. 质量措施

C. 质量计划　　D. 质量方针

3. 计量认证的专业类别代码中,R是代表(   )。

A. 交通　　B. 建设　　C. 铁路　　D. 计量

4.《公路水运工程试验检测管理办法》(交通运输部令2016年第80号)已于2016年12月8日经第(   )次部务会议通过,自2016年12月10日起施行。

A. 10　　B. 16　　C. 28　　D. 29

5. 交通质监机构在监督检查中发现检测机构有违反《公路水运工程试验检测管理办法》的行为时,不会采取的行为是(   )。

A. 质监机构不再委托其承担检测业务

B. 约谈项目管理者

C. 警告

D. 限期整改

6. $5.29 \times 0.9259 =$ (   )。

A. 4.89　　B. 4.90　　C. 4.898　　D. 4.8980

7. 依据有关法律法规、《检验检测机构资质认定管理办法》、《检验检测机构资质认定评审

准则》等有关文件的规定,结合资质认定部门的监管实际,将检验检测机构分为A、B、C、D四个类别。在首次启动分类监管时,所有检验检测机构起始默认类别为(　　)。

A. A类　　B. B类　　C. C类　　D. D类

8. 合同评审活动可被理解为确保检验检测活动达到规定目标的(　　)所进行的活动。

A. 适宜性和合法性　　B. 充分性和合理性

C. 充分性和有效性　　D. 有效性和合法性

9. 检测人员按照《公路水运工程试验检测管理办法》要求,应当真实、独立地开展检测工作,保证检验检测数据的(　　)。

A. 清晰、完整、规范　　B. 严密、完善、有效

C. 客观、公正、准确　　D. 客观、公正、科学

10. 信用评价周期为(　　)年。

A. 5　　B. 3　　C. 1　　D. 2

11. 2012年1月1日是(　　)的实施时间。

A.《公路水运工程试验检测机构等级标准》

B.《公路水运试验检测机构等级评定程序》

C.《公路水运工程试验检测人员继续教育办法(试行)》

D.《关于进一步加强公路水运工程工地试验室管理工作的意见》

12. 我们使用的计量器具必须是经检定合格的、(　　)、有标识的计量器具。

A. 结构完整的　　B. 有检定证书

C. 检定周期内　　D. 检定周期外

13. 公路水运工程质量事故鉴定、大型水运工程项目和高速公路项目验收的质量鉴定检测,质监机构应当委托(　　)承担。

A. 通过计量认证的检测机构

B. 具备甲级等级或专项能力的检测机构

C. 通过计量认证的甲级检测机构

D. 通过计量认证的甲级或专项能力的检测机构

14. 资质认定证书有效期为(　　)年。

A. 3　　B. 7　　C. 6　　D. 1

15. 为保证公路水运试验检测的安全,试验检测机构应该在(　　)里制定详细的安全作业管理程序,以保证检测活动的安全。

A. 作业指导书　　B. 程序文件

C. 质量手册　　D. 公司文件

16. 涉及保障人体健康,人身、财产安全的标准属于(　　)。

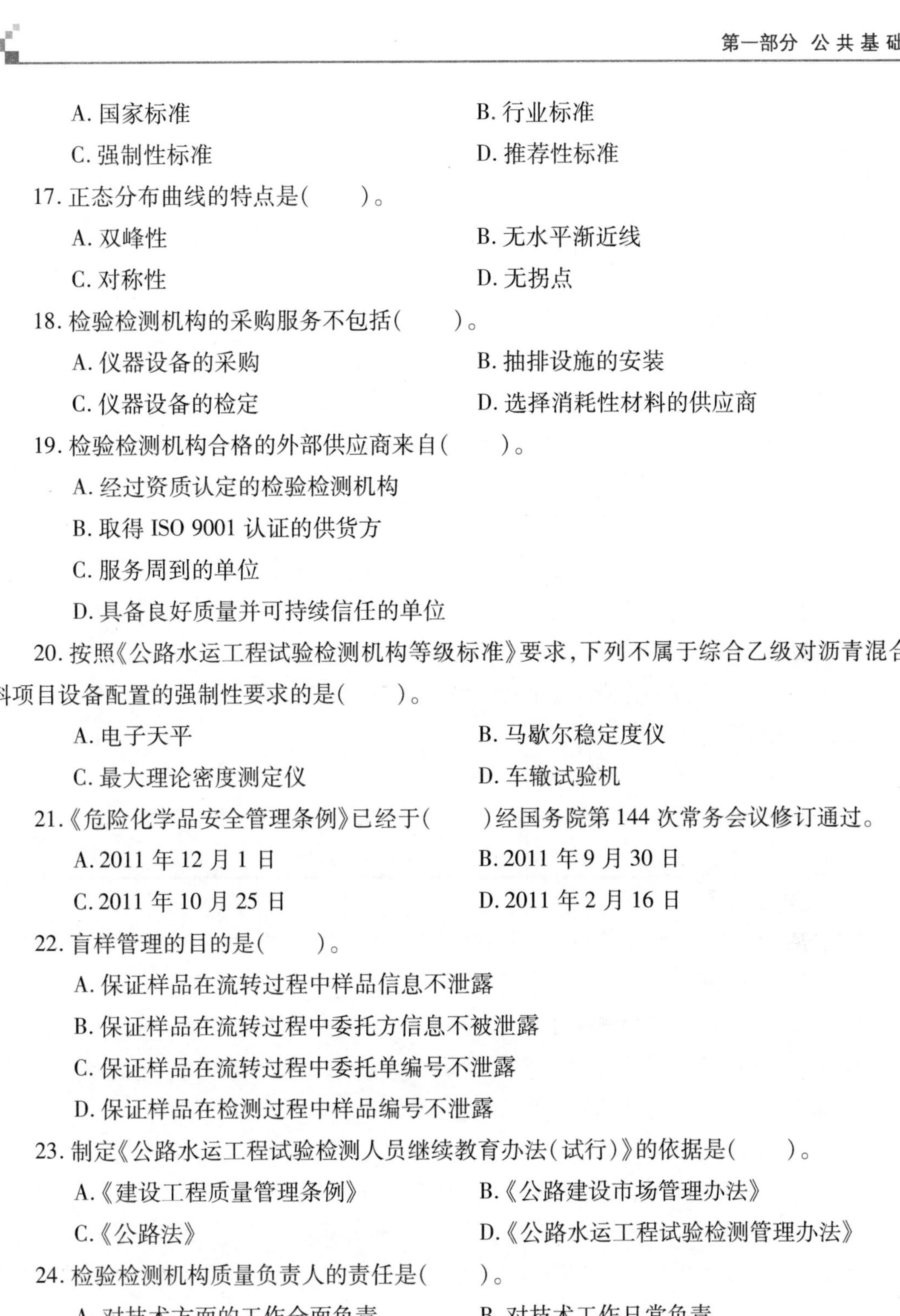

A. 国家标准　　B. 行业标准

C. 强制性标准　　D. 推荐性标准

17. 正态分布曲线的特点是(　　)。

A. 双峰性　　B. 无水平渐近线

C. 对称性　　D. 无拐点

18. 检验检测机构的采购服务不包括(　　)。

A. 仪器设备的采购　　B. 抽排设施的安装

C. 仪器设备的检定　　D. 选择消耗性材料的供应商

19. 检验检测机构合格的外部供应商来自(　　)。

A. 经过资质认定的检验检测机构

B. 取得 ISO 9001 认证的供货方

C. 服务周到的单位

D. 具备良好质量并可持续信任的单位

20. 按照《公路水运工程试验检测机构等级标准》要求,下列不属于综合乙级对沥青混合料项目设备配置的强制性要求的是(　　)。

A. 电子天平　　B. 马歇尔稳定度仪

C. 最大理论密度测定仪　　D. 车辙试验机

21.《危险化学品安全管理条例》已经于(　　)经国务院第 144 次常务会议修订通过。

A. 2011 年 12 月 1 日　　B. 2011 年 9 月 30 日

C. 2011 年 10 月 25 日　　D. 2011 年 2 月 16 日

22. 盲样管理的目的是(　　)。

A. 保证样品在流转过程中样品信息不泄露

B. 保证样品在流转过程中委托方信息不被泄露

C. 保证样品在流转过程中委托单编号不泄露

D. 保证样品在检测过程中样品编号不泄露

23. 制定《公路水运工程试验检测人员继续教育办法(试行)》的依据是(　　)。

A.《建设工程质量管理条例》　　B.《公路建设市场管理办法》

C.《公路法》　　D.《公路水运工程试验检测管理办法》

24. 检验检测机构质量负责人的责任是(　　)。

A. 对技术方面的工作全面负责　　B. 对技术工作日常负责

C. 技术负责人的代理人　　D. 对管理体系的运行全面负责

25. 下列选项中,(　　)的符号全部为国际单位的基本单位。

A. mol,cd,N,K　　B. m,s,A,℃

C. A,K,m,kg　　D. s,N,MPa,m

26. 检验检测机构应将原始观察记录、导出数据,开展跟踪审核的足够信息、校准记录、员工记录,以及发出的每份检测报告或校准证书的副本(　　)。

A. 按规定的时间保存　　B. 尽可能长的时间保存

C. 按最短的时间保存　　D. 无规定保存时间

27. 试验室用的烘箱在示值为180℃处的实际值为182℃,则烘箱在此处的相对误差为(　　)。

A. 1.1%　　B. -2℃　　C. -1.1%　　D. -0.25%

28. 检验检测机构在资质认定证书确定的能力范围内,对社会出具具有证明作用数据、结果时,应当标注资质认定标志。资质认定标志加盖在(　　)位置。

A. 主页上部　　B. 封面左上角

C. 封面上部适当位置　　D. 封面检验检测机构名称上

29. 下列选项中,(　　)不会包括在最高管理者授权发布的质量方针中。

A. 管理体系的目的

B. 为客户提供检验检测服务质量的承诺

C. 质量管理目标

D. 遵循准则要求、持续改进管理体系的承诺

30.《公路水运工程试验检测机构等级证书》由质监总站统一规定格式,其有效期为(　　)年。

A. 2　　B. 3　　C. 5　　D. 6

31. 信用等级被评为很差的工地试验室授权负责人,(　　)年内不能担任工地试验室授权负责人。

A. 1　　B. 2　　C. 3　　D. 5

32. 1平方米面积上均匀垂直作用于1牛顿力所形成的压强,称之为(　　)。

A. 1千克力　　B. 1兆帕　　C. 1牛　　D. 1帕

33. 检验检测机构只应对(　　)申诉、投诉的处理过程及结果及时记录,按规定归档。

A. 以书面形式的　　B. 合理的

C. 不合理的　　D. 选项ABC

34. 检验检测机构的人员负有保密义务,因此,检验检测机构应当建立并实施相应的保密(　　)。

A. 规定　　B. 程序　　C. 措施　　D. 方针

35. 建立公路水运工程工地试验室是为了进一步加强工地试验室管理,规范试验检测行为,提高试验检测数据的(　　)和准确性,保证公路水运工程质量。

A. 客观性　　B. 完整性　　C. 科学性　　D. 真实性

36. 作为责任主体的(　　)应该加强对授权工地试验室的管理和指导,并对工地试验室试验检测结果的真实性和准确性负责。

A. 施工总包机构　　B. 施工检测机构

C. 母体试验检测机构　　D. 工程监督机构

37. 在试验检测中,两个测量数据分别记录为:甲 15.50^{+},乙 15.50^{-},该记录表示(　　)。

A. 甲实测值比 15.50 大,经修约舍弃为 15.50;乙实测值比 15.50 小,经修约进 1 为 15.50

B. 甲实测值比 15.50 小,经修约进 1 为 15.50;乙实测值比 15.50 大,经修约舍弃后为 15.50

C. 甲实测值比 15.50 大,经修约进 1 为 15.50;乙实测值比 15.50 大,经修约舍弃后为 15.50

D. 甲实测值比 15.50 小,经修约进 1 为 15.50;乙实测值比 15.50 小,经修约进 1 后为 15.50

38. 下列不属于初审必须完成的工作的是(　　)。

A. 检查检测机构检定和校准是否按规定进行

B. 检查检测机构采用的试验检测标准、规范和规程是否合法有效

C. 检查检测机构申报材料与实际状况的符合性

D. 检查检测机构是否具有良好的试验检测业绩

39. 换证复核评审不合格的检测机构,质监机构应当责令其在(　　)天内进行整改,整改期内不得承担质量评定和工程验收的试验检测业务。

A. 30　　B. 90　　C. 15　　D. 180

40. 对于签发的涉及结构安全的产品或试验检测项目不合格报告,工地试验室授权负责人应在(　　)个工作日之内报送试验检测委托方。

A. 7　　B. 5　　C. 2　　D. 3

二、判断题(请对下列题述观点正确与否进行判断,判断准确得分,否则不得分。每题 1 分。)

1. 校准周期属于强制性约束的内容。

(　　)正确　　(　　)不正确

2. 质量体系是为了实施质量管理所需的组织结构、程序、过程的文件体系。

(　　)正确　　(　　)不正确

3. 亿(10^8)、万(10^4)是国家选定的法定计量单位的词头。

(　　)正确　　　　　　　　　　　　(　　)不正确

4. 按照有效数字规则 1015^2 的计算结果应该是 1.030×10^6。

(　　)正确　　　　　　　　　　　　(　　)不正确

5. 通常认为,在一次试验中"小概率事件"几乎是不会发生的。

(　　)正确　　　　　　　　　　　　(　　)不正确

6. 公路水运工程试验检测检测机构等级,是依据检测机构的公路水运工程试验检测水平、配备的设备数量及精密程度、高级检测人员的数量和属于公司产权(或租赁)场地的面积进行的能力划分。

(　　)正确　　　　　　　　　　　　(　　)不正确

7. 针对Ⅱ类仪器设备的检定/校准工作,应该由经质量技术监督部门授权建立且可以提供检定/校准服务的单位开展。

(　　)正确　　　　　　　　　　　　(　　)不正确

8. 测量不确定度与具体测量得到的数值大小有关。

(　　)正确　　　　　　　　　　　　(　　)不正确

9. 公路水运工程试验检测人员出具虚假数据报告造成质量标准降低的,信用评价扣40分。

(　　)正确　　　　　　　　　　　　(　　)不正确

10. 采购服务包括对供货单位的质量保证能力进行评价,并建立合格供应方名单。

(　　)正确　　　　　　　　　　　　(　　)不正确

11. 有一类极限数值为绝对极限,书写≥0.2 和书写≥0.20 或者≥0.200 具有同样极限上的意义,对此类界限数值,用判定值或者计算值判定是否符合要求时,需要用修约比较法。

(　　)正确　　　　　　　　　　　　(　　)不正确

12. 公路水运工程试验检测专业技术人员职业资格证书由交通运输部职业资格中心登记,并向社会公布。

(　　)正确　　　　　　　　　　　　(　　)不正确

13. 持证的检测人员不得借工作之便推销建设材料、构配件和设备,可以同时受聘于两家以上检测机构。

(　　)正确　　　　　　　　　　　　(　　)不正确

14.《关于进一步加强公路水运工地试验室管理工作的意见》是由省级交通质量监督机构发布的。

(　　)正确　　　　　　　　　　　　(　　)不正确

15. 试验检测人员的信用评价采用随机检查累计扣分制。

(　　)正确　　　　　　　　　　　　(　　)不正确

16. 评审员进行评审活动时，如果与被评审检验检测机构有利害关系或者其评审可能对公正性产生影响，应该采用回避方式。

(　　)正确　　　　(　　)不正确

17. 获取检定报告后的设备确认是对设备检定/校准结果的符合性的评定。

(　　)正确　　　　(　　)不正确

18. 如果被评定仪器设备的示值误差在其最大允许范围误差限内，则可以评定该设备符合性合格。

(　　)正确　　　　(　　)不正确

19. 公路工程等级试验检测机构、工地试验室仪器设备检定/校准工作的依据是《公路工程试验检测仪器设备检定/校准指导手册》。

(　　)正确　　　　(　　)不正确

20. 申诉是客户对检验检测机构提供的检验检测服务或者数据、结果提出正式的书面异议或者争议。

(　　)正确　　　　(　　)不正确

21.《检验检测机构资质认定管理办法》(质检总局令第163号)包括7章共50条内容。

(　　)正确　　　　(　　)不正确

22. 资质认定部门应当自受理申请之日起，根据需要在30个工作日内对申请人进行技术评审。

(　　)正确　　　　(　　)不正确

23. 检验检测机构的活动涉及风险评估和风险控制领域时，应建立和保持相应识别、评估、实施的程序。

(　　)正确　　　　(　　)不正确

24. 在合同签订后，检验检测机构应根据客户的要求立刻组织合同评审。

(　　)正确　　　　(　　)不正确

25. 对于诸如水泥、砂、混凝土试块等检测项目，可以简化合同评审的过程，由收样员完成。

(　　)正确　　　　(　　)不正确

26. 公路水运工程试验检测人员，是指具备相应公路水运工程试验检测知识、能力，经考试合格并承担相应公路水运工程试验检测业务的专业技术人员。

(　　)正确　　　　(　　)不正确

27. 校准过程中产生了修正因子，检验检测机构需确保备份得到正确更新。

(　　)正确　　　　(　　)不正确

28. 检测机构依据合同承担公路水运工程试验检测业务，一律不得转包、分包。

(　　)正确　　　　(　　)不正确

29. 使用频率低的设备需要进行期间核查。

(　　)正确　　　　　　　　　　　　　　(　　)不正确

30. 依据计量检定规程对测量仪器的合格性进行评定,当各检定点的示值误差不超过该被检仪器的最大允许误差时,就可以认为其符合准确度级别的要求。

(　　)正确　　　　　　　　　　　　　　(　　)不正确

三、多项选择题(在下列各题的备选答案中,有两个或两个以上的备选项符合题意,请填写符合题意的备选项,选项部分正确按比例得分,出现错误选项该题不得分,完全正确的得满分。每题2分。)

1. 按照《检验检测机构资质认定管理办法》规定进行技术评审工作,评审组在技术评审中发现有不符合要求时,可以采取(　　)方式处理。

A. 书面通知申请人限期整改,直至完成整改

B. 书面通知申请人限期整改,整改30个工作日

C. 申请人在整改期内完成,相应评审项目判定合格

D. 申请人在整改期内未完成,相应评审项目判定不合格

2. 检验检测机构应该具有固定的场所和工作环境,满足检验检测要求,工作场所的形式包括(　　)。

A. 固定设施　　　　　　　　　　　　B. 临时设施

C. 移动设施　　　　　　　　　　　　D. 野外设施

3. 检验检测机构可以使用的检测方法有(　　)。

A. 行业标准方法　　　　　　　　　　B. 非标准方法

C. 检验检测机构制定的方法　　　　　D. 国家标准方法

4. 检验检测机构按照《检验检测机构资质认定评审准则》的要求要对相关管理人员、技术人员、关键支持人员进行工作描述,描述可采用多种方式,但至少应包含(　　)内容。

A. 资格和培训计划　　　　　　　　　B. 从事检验检测工作的职责

C. 新方法制定和确认的职责　　　　　D. 管理职责

5. 检验检测机构应当定期向资质认定部门上报年度报告,年度报告的内容必须包括(　　)。

A. 持续符合资质认定条件和要求　　　B. 遵守从业规范

C. 开展检验检测活动　　　　　　　　D. 期内的检测业绩

6. 国家对用于(　　)的列入强制检定目录的工作计量器具实行强制检定。

A. 环境监测　　　　　　　　　　　　B. 安全防护

C. 医疗卫生　　　　　　　　　　　　D. 贸易结算

7. 设备在出现下列(　　)情形时,必须停用。

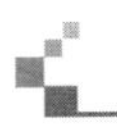

A. 给出可疑结果

B. 超出规定限度

C. 曾经过载

D. 不能正常开机

8. 参与能力验证进行实验室之间比对的样品，一般应具备(　　)特征。

A. 从材料源中指定

B. 从材料源中随机得到

C. 与日常检测样品的相识性

D. 样品的均匀性

9. 测量数据的表达方法通常有(　　)等。

A. 表格法

B. 图示法

C. 经验公式法

D. 坐标法

10. 下列属于测量装置检定内容和项目的是(　　)。

A. 计量器具的技术条件

B. 测量装置的示值误差

C. 检定周期

D. 检定结果

11. 期间核查可以采用的方式是(　　)。

A. 仪器间的比对

B. 标准物质验证

C. 方法比对

D. 加标回收

12. 下列配套文件中，哪些文件属于管理类的配套文件(　　)。

A. 检验检测机构资质认定　检验检测专用章使用要求

B. 检验检测机构资质认定　公正性和保密性要求

C. 检验检测机构资质认定评审准则

D. 检验检测机构资质认定申请书

13.《公路水运工程安全生产监督管理办法》已于 2016 年 3 月 7 日起施行，其编制的依据是(　　)。

A.《中华人民共和国安全生产法》

B.《建设工程安全生产管理条例》

C.《公路法》

D.《安全生产许可证条例》

14. 能力验证结果通常需要转化为能力统计量，以下表达式中，代表定量结果能力统计量的是(　　)。

A. 差值 D

B. 标准四分位间距

C. $D\%$

D. 中位值

15. 下列关于测量准确度的表述，正确的是(　　)。

A. 是测得值与其真值的一致程度

B. 是无穷多次重复测量所得量值的平均值与一个参考量值间的一致程度

C. 在规定条件下，对同一或类似被测对象重复测量所得示值或测得值间的一致程度

D. 测量准确度不是一个量，不能给出有数字的量值

16. 下列物质中，不属于标准物质的有(　　)。

A. 钢筋检测用钢直尺　　B. 筛孔标定用标准粉

C. 石灰试验用标准盐酸　　D. 用于水泥剂量检测的 EDTA 试剂

17. 按照《检验检测机构资质认定管理办法》规定,检验检测机构应该与对检验检测有关的管理人员、技术人员、关键支持人员建立(　　)关系。

A. 劳动　　B. 雇用　　C. 聘用　　D. 借用

18. 我国法定计量单位由(　　)和(　　)构成。

A. 国际单位制单位　　B. 国家选定的非国际制单位

C. 确定保留的与 SI 单位并用的单位　　D. 工程单位制

19. 下列单位符号中,(　　)是正确的具有专门名称的 SI 导出法定计量单位。

A. kg　　B. N　　C. Pa　　D. V

20. 由两个以上单位相除构成的组合单位,其符号可用下列形式表示,(　　)是正确的表示。

A. kg/m^3　　B. $kg \cdot m^3$　　C. $kg \cdot m^{-3}$　　D. kgm^{-3}

21. 关于计量检定,下列说法正确的是(　　)。

A. 计量检定是进行量值传递的重要形式

B. 计量检定就是对设备进行检验

C. 计量检定是保证量值准确一致的重要措施

D. 计量检定包括检验和加封盖印

22. 公路水运工程试验检测机构出现下列(　　)行为的,其信用等级评定直接确定为 D 级。

A. 出借试验检测等级证书承揽试验检测业务

B. 借用试验检测等级证书承揽试验检测业务

C. 出具虚假数据报告

D. 所设立的工地试验室有得分为 0 分

23. 每项检验检测的记录应包含充分的信息,以便在需要时识别不确定度的影响因素,并确保该次检验检测在尽可能接近原始条件情况下能够重复。请问检测中应该有的信息是(　　)。

A. 温度、湿度　　B. 抽样计划及检测部位示意图

C. 仪器设备型号、编号　　D. 检测方法

24. 混凝土回弹仪在出/入外出检测室时,需完成(　　)工作。

A. 检查设备配件、外观,作好出入记录

B. 送计量检定部门检定校准

C. 报技术负责人同意

D. 借出前、返回后在标准钢砧上率定，记录率定值

25. 凡是获取资质认定证书机构的从业人员，在检验检测活动中必须遵循的原则有（　　）。

A. 客观公正　　B. 科学严谨

C. 公平公正　　D. 诚实信用

参考答案及解析

模拟试题一

一、单项选择题

1.【答案】D

【解析】随机误差是由于不能预料、不能控制的原因造成的。

2.【答案】B

【解析】仪器设备的状态标识分为合格、准用、停用3种,通常分别以绿色、黄色、红色3种颜色来表示。

3.【答案】B

【解析】见《检验检测机构资质认定管理办法》的规定。

4.【答案】D

【解析】见《数值修约规则与极限数值的表示和判定》(GB/T 8170—2008)的要求。

5.【答案】C

【解析】需要理解标准物质和参考标准的概念;掌握标准物质的特性。标准物质具有三个显著特点:①具有特性量值的准确性、均匀性、稳定性;②量值具有传递性;③实物形式的计量标准。

6.【答案】C

【解析】见《公路试验检测数据报告编制导则》(JT/T 828—2012)。

7.【答案】B

【解析】见《危险化学品安全管理条例》。这里需要注意的是条例的实施时间。

8.【答案】A

【解析】掌握间隔修约的方法。

9.【答案】D

【解析】见《公路水运工程试验检测机构换证复核细则》(质监综字[2013]7号)的要求。

10.【答案】C

【解析】见《检验检测机构资质认定评审准则》4.5.13。

11.【答案】A

【解析】见《公路水运工程试验检测机构等级标准》和《公路水运工程试验检测机构等级评定程序》(交质监发[2008]274号)。

12.【答案】B

【解析】见《检验检测机构资质认定管理办法》(质检总局令第163号)。

13.【答案】C

【解析】见《公路水运工程试验检测机构等级标准》和《公路水运工程试验检测机构等级评定程序》(交质监发[2008]274号)。

14.【答案】C

【解析】《计量法》制定目的是保障国家计量单位制的统一和量值的准确可靠。

15.【答案】C

【解析】若出具校准证书机构评定的测量设备示值误差的不确定度小于或等于被评定测量设备的最大允许误差的绝对值的1/3时,则可不考虑示值误差的测量不确定度的影响。

16.【答案】B

【解析】这里需要知道设备获取检定结果后需要进行确认,而确认的依据是检验检测机构制定的设备检定校准规程。选项A是检定校准机构使用的并依据规范出具设备检定报告。

17.【答案】C

【解析】期间核查的概念。了解需要进行期间核查的几种情形。检验检测机构应根据设备的稳定性和使用情况来判断设备是否需要进行期间核查,判断依据包括但不限于:a)设备检定或校准周期;b)历次检定或校准结果;c)质量控制结果;d)设备使用频率;e)设备维护情况;f)设备操作人员及环境的变化;g)设备使用范围的变化。

18.【答案】D

【解析】见《检验检测机构资质认定　检验检测专用章使用要求》。

19.【答案】D

【解析】见《检验检测机构资质认定管理办法》(质检总局令第163号)。

20.【答案】C

【解析】见考试用书“检验检测机构资质认定管理”相关内容。

21.【答案】B

【解析】见《交通运输部关于修改〈公路水运工程试验检测管理办法〉的决定》(交通运输部令2016年第80号)第四十四条。

22.【答案】C

【解析】偏离程序的概念。

23.【答案】C

【解析】见考试用书“检验检测机构资质认定管理”相关内容。

24.【答案】A

【解析】见《公路水运工程试验检测专业技术人员职业资格考试实施办法》(人社部发[2015]59号)。

25.【答案】A

【解析】见《公路水运工程试验检测专业技术人员职业资格制度规定》(人社部发[2015]59号)。

26.【答案】C

【解析】见《检验检测机构资质认定管理办法》第十三条。编号由11位变为12位,发证年份代码+发证机关代码+专业领域类别代码+行业主管部门代码+发证流水号。这里需要注意的是代码所代表的内容,且代表的五个内容一定要记忆准确。

27.【答案】A

【解析】见考试用书“检验检测机构资质认定管理”相关内容。

28.【答案】A

【解析】见《公路试验检测数据报告编制导则》(JT/T 828—2012)。

29.【答案】C

【解析】见《检验检测机构资质认定管理办法》第四十五条规定。

30.【答案】A

【解析】见考试用书“仪器设备计量溯源及期间核查”相关内容。

31.【答案】C

【解析】见《检验检测机构资质认定管理办法》(质检总局令第163号)。

32.【答案】C

【解析】见考试用书“校准数据的线性回归”相关内容。

33.【答案】A

【解析】见《检验检测机构资质认定管理办法》。

34.【答案】C

【解析】见《检验检测机构资质认定管理办法》。

35.【答案】D

【解析】根据《检验检测机构资质认定管理办法》作出的判断。

36.【答案】D

【解析】见考试用书“试验室管理”相关内容。本题是选择题的另外一种设计形式,以序号表明内容。辨识这类题时,应该先找出4个选项的差别,再从差别中去研究题干中的内容。

37.【答案】D

【解析】理解分包的概念和条件。选项A、B两种情形是不能分包的。

38.【答案】C

【解析】产品质量才是检验检测机构作为使用者应关注的内容。

39.【答案】D

【解析】合同评审是评价检验检测项目的可行性，与选项A、B、C无关。评审结果可行即可与客户签订检测委任书。

40.【答案】B

【解析】见《关于进一步加强公路水运工程工地试验室管理工作的意见》第五条。“工地试验室设立实行登记备案制。”经试验检测机构授权设立的工地试验室，经建设单位初审后报送项目质监机构登记备案，质检机构对通过备案的工地试验室出具“公路水运工程工地试验室备案通知书”。

二、判断题

1.【答案】不正确

【解析】见考试用书“试验检测常用术语和定义”相关内容。正确度是大量测定的均值与真值的接近程度。

2.【答案】不正确

【解析】见考试用书“能力验证”相关内容和《检验检测机构资质认定管理办法》。新项目不是采用能力验证来确认的。

3.【答案】正确

【解析】扩展不确定度的定义。

4.【答案】正确

【解析】见《公路水运工程试验检测信用评价办法(试行)》第八条规定。“试验检测机构信用评价分为AA、A、B、C、D五个等级。”

5.【答案】不正确

【解析】见考试用书“比对”的定义。

6.【答案】正确

【解析】见考试用书“试验检测常用术语和定义”相关内容。

7.【答案】正确

【解析】见《关于进一步加强公路水运工程工地试验室管理工作的意见》。

8.【答案】正确

【解析】见考试用书“仪器设备计量溯源及期间核查”相关内容。

9.【答案】正确

【解析】见《关于公布〈公路水运工程试验检测机构等级标准〉及〈公路水运试验检测机构等级评定程序〉的通知》。

10.【答案】不正确

【解析】见《检验检测机构资质认定管理办法》多场所问题。质量体系只需要覆盖到分场所,而不是建立各个分场所的质量体系。

11.【答案】正确

【解析】见《公路水运工程试验检测信用评价办法(试行)》。

12.【答案】不正确

【解析】见《公路水运工程试验检测人员继续教育办法(试行)》。试验检测机构应督促本单位试验检测人员按要求参加继续教育,并保证试验检测人员参加继续教育的时间,提供必要的学习条件。

13.【答案】正确

【解析】见《关于进一步加强公路水运工程工地试验室管理工作的意见》。

14.【答案】正确

【解析】见《公路试验检测数据报告编写导则》。

15.【答案】正确

【解析】见《检验检测机构资质认定管理办法》。

16.【答案】正确

【解析】见《计量法》及《计量法实施细则》。

17.【答案】不正确

【解析】见《公路水运工程试验检测管理办法》,试验检测设备实行分类管理。

18.【答案】正确

【解析】见《公路水运工程试验检测信用评价办法(试行)》《关于进一步加强公路水运工程工地试验室管理工作的意见》。

19.【答案】正确

【解析】见《关于公布〈公路水运工程试验检测机构等级标准〉及〈公路水运试验检测机构等级评定程序〉的通知》。

20.【答案】不正确

【解析】见《公路水运工程试验检测机构换证复核细则》第十六条。

21.【答案】正确

【解析】见《公路工程标准体系》的有关术语。

22.【答案】不正确

【解析】见《公路水运工程试验检测专业技术人员职业资格考试实施办法》(人社部发[2015]59 号),考试条件里没有免考条件。

23.【答案】不正确

【解析】见考试用书“仪器设备计量溯源及期间核查”及《检验检测机构资质认定管理办法》相关内容。

24.【答案】正确

【解析】见考试用书“试验检测常用术语和定义”相关内容。

25.【答案】不正确

【解析】见《公路水运工程试验检测专业技术人员职业资格制度规定》第十三条。“公路水运工程试验检测职业资格考试合格,由交通运输部职业资格中心颁发人力资源社会保障部、交通运输部监制,交通运输部职业资格中心用印的相应级别《中华人民共和国公路水运工程试验检测专业技术人员职业资格证书》。该证书在全国范围有效。”这里主要注意说法的准确性。

26.【答案】正确

【解析】见《公路水运工程试验检测管理办法》第三条。这是需要记忆的众多概念、定义之一。这类概念需要正确、准确记忆每个文字。

27.【答案】不正确

【解析】见《公路水运工程试验检测管理办法》第三十一条。“工程所在地省站应当对工地临时试验室进行监督。”注意这里是工程所在地域的省级交通质量监督机构。

28.【答案】不正确

【解析】见《公路水运工程试验检测管理办法》第二十一条。换证复核是以书面审查为主。等级评定工作分为受理、初审、现场评审 3 个阶段。

29.【答案】正确

【解析】见《公路水运工程试验检测管理办法》第三十七条。“检测机构在同一公路水运工程项目标段中不得同时接受业主、监理、施工等多方的试验检测委托。”

30.【答案】正确

【解析】见《公路工程标准体系》1.6.3。这是关于体系编号定义规则的内容。

三、多项选择题

1.【答案】BCD

【解析】见《检测和校准实验室能力的通用要求》(GB/T 27025)相关内容。

2.【答案】ABCD

【解析】见《产品质量仲裁检验和产品质量鉴定管理办法》。

3.【答案】BCD

【解析】见《行业标准管理办法》(1990年8月14日国家技术监督局令第11号发布)。

4.【答案】ABD

【解析】误差的分类。

5.【答案】ACD

【解析】见考试用书“统计技术的基础”相关内容。

6.【答案】AD

【解析】见《检验检测机构资质认定管理办法》。

7.【答案】ABC

【解析】正态分布的定义。

8.【答案】ABC

【解析】样品进入检验检测机构后,应该经历未检、在检、检毕三个过程。选项D不是样品状态。

9.【答案】CD

【解析】见《公路水运工程试验检测管理办法》和《检验检测机构资质认定评审准则》。

10.【答案】ABCD

【解析】见《公路水运工程试验检测管理办法》和《关于公布〈公路水运工程试验检测机构等级标准〉及〈公路水运试验检测机构等级评定程序〉的通知》。

11.【答案】AB

【解析】见考试用书“校准数据的线性回归”相关内容。

12.【答案】BCD

【解析】见《公路工程标准体系》《中华人民共和国标准化法》。

13【答案】ACD

【解析】见《公路水运工程试验检测专业技术人员职业资格制度规定》(人社部发[2015]59号)。

14.【答案】BC

【解析】见考试用书“计量结果的确认及运用”相关内容。

15.【答案】ABD

【解析】见《公路水运工程安全生产监督管理办法》。

16.【答案】AC

【解析】见考试用书“仪器设备计量溯源”相关内容。

17.【答案】ACD

【解析】见考试用书“国际单位制”相关内容。

18.【答案】AD

【解析】见《检验检测机构资质认定管理办法》“印章的分类与使用”相关要求。

19.【答案】AB

【解析】见《关于公布〈公路水运工程试验检测机构等级标准〉及〈公路水运试验检测机构等级评定程序〉的通知》。

20.【答案】CD

【解析】见考试用书“仪器设备计量溯源及期间核查”相关内容。

21.【答案】AB

【解析】见《关于进一步加强公路水运工程工地试验室管理工作的意见》。

22.【答案】BCD

【解析】见考试用书“计量结果的确认及运用”相关内容。

23.【答案】AB

【解析】见考试用书“统计技术和抽样技术”相关内容。

24.【答案】ABC

【解析】见考试用书“能力验证结果的统计处理和能力评价”相关内容。

25.【答案】BC

【解析】标准物质的定义。

模拟试题二

一、单项选择题

1.【答案】C

【解析】理解标准偏差的定义。

2.【答案】C

【解析】掌握国际单位制和非国际单位制。

3.【答案】D

【解析】见《检验检测机构资质认定评审准则》。

4.【答案】A

【解析】掌握我国的法定计量单位,见考试用书表7-5。

5.【答案】C

【解析】所谓盲样管理,是指在试验检测过程中,试验检测员不知道样品的委托单位、

工程名称等信息,这些具体信息只有收样人和样品管理员知道,而收样人和样品管理员不得参与试验检测工作,从而杜绝试验检测人员伪造数据等现象的发生,保证试验检测过程的科学、公正、公平和试验检测结果的准确性。

6.【答案】D

【解析】见《中华人民共和国计量法实施细则》。

7.【答案】D

【解析】见《检验检测机构资质认定评审准则》4.5.2。

8.【答案】C

【解析】计量认证的专业类别代码:P 交通,R 建设(建材、城建、建工),N 铁路,Y 计量,Z 其他。

9.【答案】A

【解析】见《检验检测机构资质认定管理办法》之《检验检测机构资质认定 标志及其使用要求》。

10.【答案】C

【解析】见《实验室资质认定工作指南》(中国计量出版社出版,2007)。具备《实验室资质认定评审准则》、《检测和校准实验室能力的通用要求》(GB/T 27025)规定的质量体系并有效运行6个月以上。

11.【答案】D

【解析】见《公路水运工程试验检测机构等级标准》和《公路水运工程试验检测机构等级评定程序》(交质监发[2008]274号)。

12.【答案】B

【解析】见《公路试验检测数据报告编写导则》(JT/T 828—2012)的要求。

13.【答案】A

【解析】见《公路水运工程试验检测机构换证复核细则》(质监综字[2013]7号)。

14.【答案】C

【解析】见《检验检测机构资质认定评审准则》及释义4.2.5。对实验室监督人员的要求应该是检测的关键环节。要注意区分监督员与内审员的职责,内审员可以是全过程,监督员不应该有这个职责。选项B、D又达不到人员能力监督的目的。

15.【答案】D

【解析】国家法定计量单位的名称、符号由国务院公布。

16.【答案】B

【解析】见《数值修约规则与极限数值的表示和判定》(GB/T 8170—2008)相关内容。

17.【答案】B

【解析】见《检验检测机构资质认定评审准则》。

18.【答案】B

【解析】1)合格标志(绿色):经计量检定或校准、验证合格,确认其符合检测/校准技术规范规定的使用要求的;2)准用标志(黄色):仪器设备存在部分缺陷,但在限定范围内可以使用的(即受限使用的);3)停用标志(红色):仪器设备目前的状态不能使用的,但经检定、校准或修复后可以使用的。

19.【答案】B

【解析】见《检验检测机构资质认定管理办法》的相关要求。

20.【答案】B

【解析】见《检验检测机构资质认定管理办法》“文件管理”的相关要求。

21.【答案】A

【解析】量值溯源的概念。

22.【答案】D

【解析】见《数值修约规则与极限数值的表示和判定》(GB/T 8170—2008)。

23.【答案】B

【解析】需要理解检定和校准的定义,这是不同的两种行为。校准的内容和项目,只是评定测量装置的示值误差,以确保量值准确;检定的内容则是对测量装置的全面评定,要求更全面,除了包括校准的全部内容之外,还需要检定有关项目。

24.【答案】C

【解析】见《公路水运工程试验检测管理办法》第二十一条。在现实工作中,机构证书的有效期多为3年,比如原来的机构资质认定期限,现在改为6年。整改期一般是3个月。另外,把两个时限放在一个题干里也是试题设计的一种方式。

25.【答案】D

【解析】校准的概念。

26.【答案】A

【解析】见《公路水运工程试验检测管理办法》(交通运输部令2016年第80号)第十八条。

27.【答案】A

【解析】检测的定义,即用指定的方法检验测试某种物体(气体、液体、固体)指定的技术性能指标,适用于各种行业范畴,如:土木建筑工程、水利、食品、化学、环境、机械、机器等的质量评定。

28.【答案】B

【解析】见《检验检测机构资质认定评审准则》的相关要求。

29.【答案】B

【解析】见《检验检测机构资质认定评审准则》的相关要求。

30.【答案】B

【解析】见《检验检测机构资质认定评审准则》的相关要求。

31.【答案】B

【解析】仪器设备的检定/校准的服务单位选择的要求必须是通过资质认定的机构,这关系到检验检测机构仪器设备的量值溯源问题。

32.【答案】D

【解析】见《公路水运工程试验检测管理办法》第二十四条。这类题目需要准确记忆时限。“检测机构名称、地址、法定代表人或者机构负责人、技术负责人等发生变更的,应当自变更之日起30日内到原发证质监机构办理变更登记手续。”

33.【答案】A

【解析】见《关于进一步加强公路水运工程工地试验室管理工作的意见》第四条。本题设计的是一个“不属于”的反面问题。现实工作中,工地试验室与母体试验室的设备使用一直有个归属权问题。“设立工地试验室的母体试验检测机构,应当在其等级证书核定的业务范围内,根据工程现场管理需要或合同约定,对工地试验室进行授权。授权内容包括工地试验室可开展的试验检测项目及参数、授权负责人、授权工地试验室的公章、授权期限等。”

34.【答案】C

【解析】《公路水运工程试验检测人员继续教育办法(试行)》自2012年1月1日起施行。这里用通过时间和假设时间来混淆正确的答案。

35.【答案】C

【解析】见《检验检测机构资质认定管理办法》第十条。这是质检总局第163号令提出的一个新的资质认定评审工作时限,旨在提高政府部门的工作实效。

36.【答案】C

【解析】见考试用书“实验室管理”相关内容。每个机构的样品管理员、室主任、技术负责人都可能参与合同评审,但机构都应该按照合同性质不同规定进行合同评审应该参加的人员。所以比较恰当的答案是选项C。

37.【答案】A

【解析】见《检验检测机构资质认定管理办法》第四十二条(六)。

38.【答案】A

【解析】见《检验检测机构资质认定评审准则》4.5.33。“检验检测机构有下列情形之一,应当向资质认定部门申请办理变更手续:a)机构名称、地址、法人性质发生变更的;b)法定代表人、最高管理者、技术负责人、检验检测报告授权签字人发生变更的;c)资质认定检验检

测项目取消的;d)检验检测标准或者检验检测方法发生变更的;e)依法需要办理变更的其他事项。"这是质检总局第163号令新增加的,明确了对于检验检测机构一些不用的参数应该怎么样规范处理的问题。

39.【答案】D

【解析】见《检验检测机构资质认定评审准则》4.4.9。量值溯源的目的是保证使检验检测机构的检测活动结果的准确性,其他选项是近似选项。

40.【答案】C

【解析】见《检验检测机构资质认定评审准则》4.5.10。这里与纠正、发生偏离和预防工作都无关,只是涉及不符合工作的处理过程,所以是选项C。

二、判断题

1.【答案】不正确

【解析】见考试用书"试验检测常用术语和定义"相关内容。修正值等于负的系统误差。

2.【答案】不正确

【解析】见《公路试验检测数据报告编制导则》,每页都应该有页码。

3.【答案】不正确

【解析】自校准一般是利用测量设备自带的校准程序或者功能或者设备厂商提供的没有溯源证书的标准样品所进行的校准活动,通常情况下,其不是有效的量值溯源活动。

4.【答案】正确

【解析】见《公路水运工程试验检测信用评价办法(试行)》附件2。注意区分机构失信行为与人员失信行为的扣分标准不一样。

5.【答案】正确

【解析】见《关于进一步加强公路水运工程工地试验室管理工作的意见》。

6.【答案】正确

【解析】见《关于公布〈公路水运工程试验检测机构等级标准〉及〈公路水运试验检测机构等级评定程序〉的通知》。

7.【答案】正确

【解析】见考试用书"统计技术和抽样技术"相关内容。

8.【答案】不正确

【解析】见《公路水运工程试验检测管理办法》第三十一条。工程所在地省站应当对工地临时试验室进行管理。这里需要区分母体试验室对工地试验室负有的责任与省级公路质量监督部门的监督责任。

9.【答案】不正确

【解析】见《关于进一步加强公路水运工程工地试验室管理工作的意见》。

10.【答案】不正确

【解析】见考试用书“仪器设备计量溯源及期间核查”相关内容,知道设备获得检定证书后的确认活动。

11.【答案】正确

【解析】见考试用书“仪器设备计量溯源及期间核查”相关内容。

12.【答案】不正确

【解析】见《检验检测机构资质认定管理办法》(质检总局令第163号)第九条、《检验检测机构资质认定评审准则》4.1。

第九条说明的是依法设立的法人和其他组织,其依法注册或者登记的经营范围或者业务范围包括检验检测且不包括影响检验检测活动公正性的内容。其他组织包括:经工商部门登记注册的分公司、特殊普通合伙企业;经民政部门登记的民办非企业(法人)单位;经司法行政机关审核登记的司法鉴定机构。

4.1说明的是若检验检测机构是机关或者事业单位的内设机构,不具备法人资格,可由其法人授权,申请检验检测机构资质认定。

13.【答案】不正确

【解析】见《检验检测机构资质认定管理办法》,按照偏离程序进行。

14.【答案】正确

【解析】见《公路试验检测数据报告编写导则》(JT/T 828—2012)。

15.【答案】不正确

【解析】见《关于进一步加强公路水运工程工地试验室管理工作的意见》,不能开展新参数检测。

16.【答案】不正确

【解析】见《检验检测机构资质认定评审准则》4.5.10。

17.【答案】正确

【解析】见考试用书“统计技术的基础”相关内容。

18.【答案】正确

【解析】见《计量法》及《计量法实施细则》。

19.【答案】正确

【解析】周期检定的定义。

20.【答案】正确

【解析】见考试用书“能力验证”相关内容。

21.【答案】正确

【解析】见《公路试验检测数据报告编写导则》(JT/T 828—2012)。

22.【答案】不正确

【解析】见考试用书“仪器设备计量溯源及期间核查”相关内容。检测用设备都需要设备的检定校准结果进行确认。

23.【答案】正确

【解析】见考试用书“扩展不确定度”的定义。

24.【答案】不正确

【解析】见考试用书“能力验证”相关内容。考生应知道机构间比对结果评判的方法。

25.【答案】不正确

【解析】见《检验检测机构资质认定管理办法》(质检总局令第163号)第十四条、第十五条。

26.【答案】不正确

【解析】见考试用书“实验室管理”相关内容。不能只有以书面形式表达的投诉。

27.【答案】不正确

【解析】见《检验检测机构资质认定管理办法》第三十条。报告和原始记录的保存期限不少于6年。

28.【答案】不正确

【解析】见《检验检测机构资质认定管理办法》第二十九条。

29.【答案】正确

【解析】见《公路水运工程安全生产监督管理办法》第四条。

30.【答案】不正确

【解析】《计量法》第三章第十七条规定是可以。“第十七条　个体工商户可以制造、修理简易的计量器具。制造、修理计量器具的个体工商户,必须经县级人民政府计量行政部门考核合格,发给《制造计量器具许可证》或者《修理计量器具许可证》。”

三、多项选择题

1.【答案】ABC

【解析】见《计量法》及《计量法实施细则》。

2.【答案】ACD

【解析】见《计量法》第五章第二十六条、第二十七条规定。“第二十六条　使用不合格的计量器具或者破坏计量器具准确度,给国家和消费者造成损失的,责令赔偿损失,没收计量器具和违法所得,可以并处罚款。”“第二十七条　制造、销售、使用以欺骗消费者为目的的计

量器具的,没收计量器具和违法所得,处以罚款;情节严重的,并对个人或者单位直接责任人员按诈骗罪或者投机倒把罪追究刑事责任。"这个问题实际上具有很强的现实意义,我们日常的检验检测活动中会使用一些不合格的计量器具,比如,钢直尺等。

3.【答案】BCD

【解析】见考试用书"常用数理统计工具"相关内容。

4.【答案】ACD

【解析】见《计量法》及《计量法实施细则》。

5.【答案】ABCD

【解析】见考试用书"能力验证"相关内容。

6.【答案】AD

【解析】见考试用书"国际单位制"相关内容。

7.【答案】ACD

【解析】见《关于进一步加强公路水运工程工地试验室管理工作的意见》。

8.【答案】BCD

【解析】见《检验检测机构资质认定评审准则》。

9.【答案】BD

【解析】见考试用书"统计技术和抽样技术"相关内容。

10.【答案】AC

【解析】见《关于进一步加强公路水运工程工地试验室管理工作的意见》。

11.【答案】BD

【解析】见《公路水运工程试验检测管理办法》(交通运输部令2016年第80号)。

12.【答案】ABC

【解析】见《检验检测机构资质认定评审准则》4.5。

13.【答案】ABC

【解析】见《公路水运工程试验检测机构换证复核细则》(质监综字[2013]7号)。

14.【答案】ABC

【解析】见考试用书"仪器设备计量溯源及期间核查"相关内容。

15.【答案】AC

【解析】见考试用书"测量误差与测量不确定度"相关内容。

16.【答案】AC

【解析】见《公路水运工程试验检测机构换证复核细则》。

17.【答案】ABCD

【解析】见《检验检测机构资质认定评审准则》。

18.【答案】ABD

【解析】见考试用书“统计技术和抽样技术”相关内容。

19.【答案】ABCD

【解析】见考试用书“能力验证”相关内容。

20.【答案】ACD

【解析】见《公路水运工程试验检测信用评价办法(试行)》。

21.【答案】ABD

【解析】见《检验检测机构资质认定管理办法》第一章第五条。

22.【答案】ABCD

【解析】见《检验检测机构资质认定管理办法》第二章第十条“检验检测机构资质认定程序(一)~(四)”。

23.【答案】AD

【解析】见《数值修约规则与极限数值的表示和判定》4.3.3。选项B显然不对;选项C修约值是0.06不符合要求;选项A的修约值是0.05满足要求;选项D修约值是0.05也是满足要求的。

24.【答案】CD

【解析】见《检验检测机构资质认定管理办法》第十一条。这是新增加的一种评审方式,需要加以重点理解记忆。

25.【答案】BC

【解析】见《检验检测机构资质认定评审准则》。

模拟试题三

一、单项选择题

1.【答案】B

【解析】关键是在选项A、B之间,注意《计量法》与《计量法实施细则》的区别,具体的一些行为该如何做应该是出自《计量法实施细则》。

2.【答案】D

【解析】见《检验检测机构资质认定评审准则》4.5.2。

3.【答案】B

【解析】计量认证的专业类别代码:P交通,R建设(建材、城建、建工),N铁路,Y计量,Z其他。

4.【答案】D

【解析】该办法已于2016年12月8日经第29次部务会议通过。这是在关注每个规章制度、管理办法、法律法规的制定时间、依据、实施时间之外的另外一类问题。

5.【答案】B

【解析】见《公路水运工程试验检测管理办法》(交通运输部令2016年第80号)第四十七条。

6.【答案】B

【解析】见《数值修约规则与极限数值的表示和判定》(GB/T 8170—2008)"修约的积"相关内容。

7.【答案】B

【解析】见《检验检测机构资质认定 分类监管实施意见》"四、监管分类及评价标准"相关要求。在首次启动分类监管时,所有检验检测机构起始默认类别为B类。

8.【答案】C

【解析】合同评审的目的是评价检测合同的可行性,要使检验检测活动可行,当然必须是检测需要的环境条件、使用的仪器设备、检测方法等是有效的;样品信息、委托方提供的信息、被委托方在检验检测过程中需要的信息等是充分的。

9.【答案】D

【解析】见《公路水运工程试验检测管理办法》第四十条。"检测人员应当严守职业道德和工作程序,独立开展检测工作,保证试验检测数据科学、客观、公正,并对试验检测结果承担法律责任。"用一个词来表明要求、方针、原则的很多,考生需要联想加理解来记忆这类无关联而又必须记忆准确的一组词。

10.【答案】C

【解析】见《公路水运工程试验检测信用评价办法(试行)》第一章第五条。信用评价周期为1年。

11.【答案】C

【解析】《公路水运工程试验检测人员继续教育办法》自2012年1月1日起施行。

12.【答案】C

【解析】见《计量法实施细则》第五章第二十五条规定。"任何单位和个人不准在工作岗位上使用无检定合格印、证或者超过检定周期以及经检定不合格的计量器具。在教学示范中使用计量器具不受此限。"为什么不是选项B,因为不全面,除有检定证书,还有校准证书等形式。

13.【答案】D

【解析】见《公路水运工程试验检测管理办法》(交通运输部令2016年第80号)第二

十九条。“公路水运工程质量事故鉴定、大型水运工程项目和高速公路项目验收的质量鉴定检测，质监机构应当委托通过计量认证并具有甲级或者相应专项能力等级的检测机构承担。”

14.【答案】C

【解析】《检验检测机构资质认定管理办法》第十一条规定：资质认定证书有效期为6年。

15.【答案】B

【解析】见《检验检测机构资质认定评审准则》。无论是三层次或者四层次的体系文件构成，安全作业程序都应该归在程序文件范畴。

16.【答案】C

【解析】见《中华人民共和国标准化法》第二章第七条。“国家标准、行业标准分为强制标准和推荐性标准。保障人体健康，人身、财产安全的标准和法律、行政法规规定强制执行的标准是强制标准，其他标准是推荐性标准。”

17.【答案】C

【解析】见考试用书“常用数理统计工具”相关内容。

18.【答案】B

【解析】采购服务包括供应品、试剂和消耗材料等，但不包括设备/设施的安装，这是容易误解的项目。

19.【答案】D

【解析】检验检测机构在选择合格供应商时，只需要具备良好质量并可持续信任的单位，不需要通过认证认可，所以选项A、B不正确；服务周到的单位不代表服务能力符合要求，故选项C也不正确。

20.【答案】C

【解析】见《公路水运工程试验检测机构等级标准》表2。这里需要注意的是首先看清楚是“属于”还是“不属于”；其次，还要区分强制性设备和非强制性设备。

21.【答案】D

【解析】见《危险化学品安全管理条例》，这里需要注意的是条例的通过时间。

22.【答案】A

【解析】见《检测和校准实验室能力的通用要求》(GB/T 27025—2008)。

23.【答案】D

【解析】见《公路水运工程试验检测人员继续教育办法(试行)》第一章第一条。注意该办法的上位文件是试验检测管理办法；另外，每个办法、规程、制度的制定一定是有依据的，这是一类问题。

24.【答案】D

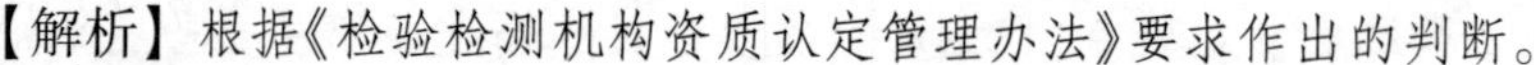

【解析】根据《检验检测机构资质认定管理办法》要求作出的判断。

25.【答案】C

【解析】见考试用书表7-1。

26.【答案】A

【解析】见《检验检测机构资质认定管理办法》“文件管理的要求”相关内容。

27.【答案】A

【解析】见考试用书“测量误差与测量不确定度”相关内容。

28.【答案】C

【解析】实际工作中比较混乱,四种选项情况都有出现。为此,质检总局163号令的附件4《检验检测机构资质认定 标志及其使用要求》作出了明确规定。“检验检测机构在资质认定证书确定的能力范围内,对社会出具具有证明作用数据、结果时,应当标注资质认定标志。资质认定标志加盖(或印刷)在检验检测报告或证书封面上部适当位置。”

29.【答案】C

【解析】见《检验检测机构资质认定评审准则》4.5.2。“质量方针声明应经最高管理者授权发布,至少包括下列内容:a)最高管理者对良好职业行为和为客户提供检验检测服务质量的承诺;b)最高管理者关于服务标准的声明;c)管理体系的目的;d)要求所有与检验检测活动有关的人员熟悉质量文件,并执行相关政策和程序;e)最高管理者对遵循本准则及持续改进管理体系的承诺。”选项C应该包含在为客户提供检验检测服务质量的承诺中。

30.【答案】C

【解析】见《公路水运工程试验检测管理办法》第十九条。这类问题需要准确记忆时限。

31.【答案】D

【解析】见《关于进一步加强公路水运工程工地试验室管理工作的意见》第十一条。“(四)工地试验室授权负责人信用等级被评为信用较差的,2年内不能担任工地试验室授权负责人。信用等级被评为信用很差的,5年内不能担任工地试验室授权负责人。”

32.【答案】D

【解析】需要知道压强单位的定义。

33.【答案】D

【解析】这里强调是的是所有申诉、投诉的处理过程及结果归档,无论是什么方式表述的,无论是合理的和不合理。

34.【答案】C

【解析】见《检验检测机构资质认定评审准则》4.2.3。这里注意区分规定、程序、措施的概念。规定是强调预先(即在行为发生之前)和法律效力,用于法律条文中的决定;程序是指事情进行的先后次序,如工作程序;措施即为方法、方式、方案、解决问题的途径。所以选项C正确。

35.【答案】A

【解析】见《关于进一步加强公路水运工程工地试验室管理工作的意见》,注意文件对于检测数据的要求。题目中四个选项好像都对,而文件是指的客观性。“公路水运工程工地试验室是工程质量控制和评判的重要基础数据来源,是工程建设质量保证体系的重要组成部分。为进一步加强工地试验室管理,规范试验检测行为,提高试验检测数据的客观性、准确性,保证公路水运工程质量。”

36.【答案】C

【解析】见《关于进一步加强公路水运工程工地试验室管理工作的意见》第六条。“母体试验检测机构应加强对授权工地试验室的管理和指导,根据工程现场管理需要或合同约定,合理配备工地试验室试验检测人员和仪器设备,并对工地试验室试验检测结果的真实性和准确性负责。”参与到工地试验室的单位较多,包括建设单位、监理单位、施工总承包单位、检测单位、监督单位等,谁负有直接责任,应该是母体试验检测机构。

37.【答案】A

【解析】见《数值修约规则与极限数值的表示和判定》(GB/T 8170—2008)。

38.【答案】C

【解析】见《公路水运工程试验检测管理办法》第十二条、第十四条。这里需要注意的是首先看清楚是“属于”还是“不属于”;其次,还要知道初审完成的工作。“第十二条　初审主要包括以下内容:(一)试验检测水平、人员及检测环境等条件是否与所申请的等级标准相符;(二)申报的试验检测项目范围及设备配备与所申请的等级是否相符;(三)采用的试验检测标准、规范和规程是否合法有效;(四)检定和校准是否按规定进行;(五)质量保证体系是否具有可操作性;(六)是否具有良好的试验检测业绩。”“第十四条　现场评审是通过对申请人完成试验检测项目的实际能力、检测机构申报材料与实际状况的符合性、质量保证体系和运转等情况的全面核查。”选项C是现场评审内容。

39.【答案】D

【解析】见《公路水运工程试验检测管理办法》第二十二条。换证复核合格的,予以换发新的《等级证书》。不合格的,质监机构应当责令其在6个月内进行整改。6个月换算为180天,只是表述方式不一样而已。

40.【答案】C

【解析】见《关于进一步加强公路水运工程工地试验室管理工作的意见》第十条(四)。“实行不合格品报告制度,对于签发的涉及结构安全的产品或试验检测项目不合格报告,工地试验室授权负责人应在2个工作日之内报送试验检测委托方,抄送项目质量监督机构,并建立

不合格试验检测项目台账。”此条文要注意两点:一是不合格品报告制度,二是上报时限,强调的是“签发的涉及结构安全的产品或试验检测项目不合格报告”。

二、判断题

1.【答案】不正确

【解析】检定周期属于强制性约束的内容,而校准周期由组织根据使用计量器具的需要自行确定。

2.【答案】不正确

【解析】质量体系是为了实施质量管理所需的组织结构、程序、过程的资源。

3.【答案】不正确

【解析】见《中华人民共和国法定计量单位》(1984 年 2 月 27 日国务院发布)。

4.【答案】正确

【解析】见《数值修约规则与极限数值的表示和判定》(GB/T 8170—2008)。

5.【答案】正确

【解析】见考试用书“常用数理统计工具”相关内容。

6.【答案】不正确

【解析】见《公路水运工程试验检测管理办法》(交通运输部令 2016 年第 80 号)第二章第六条。

7.【答案】不正确

【解析】见考试用书“设备校准结果及运用”相关内容。《公路工程试验检测仪器设备检定/校准指导手册》(2013 年)在Ⅱ类仪器设备的检定/校准服务中,还应该注意区分Ⅱ-1、Ⅱ-2、Ⅱ-3 的不同要求。

8.【答案】不正确

【解析】测量不确定度与测量方法有关,与具体测量得到的数值大小无关。

9.【答案】正确

【解析】见《公路水运工程试验检测信用评价办法(试行)》附件 3。注意区分机构的失信行为扣分标准与人员的失信行为扣分标准不一样。

10.【答案】正确

【解析】见考试用书“实验室管理”相关内容。要求建立合格供应商名单。

11.【答案】不正确

【解析】见《数值修约规则与极限数值的表示和判定》(GB/T 8170—2008)4.3.2。应该采用全数值比较法。

12.【答案】正确

【解析】见《公路水运工程试验检测专业技术人员职业资格制度规定》第十九条。

13.【答案】不正确

【解析】见《公路水运工程试验检测管理办法》第四十三条。检测人员不得同时受聘于两家以上检测机构，不得借工作之便推销建设材料、构配件和设备。

14.【答案】不正确

【解析】是由交通运输部办公厅发布的。这是一个细节问题。发布机构很多，具体到某个文件是什么机构发布的需要细致辨析，尤其是《加强……工作的意见》好像是省级主管机构发布的，实际上不是。

15.【答案】正确

【解析】见《公路水运工程试验检测信用评价办法(试行)》第十一条。注意需要区分机构、人员、工地试验室授权负责人的几种不同评价方法。

16.【答案】正确

【解析】见《检验检测机构资质认定 评审员管理要求》第十三条。“评审员严格禁止有下列行为：(一)未依照《检验检测机构资质认定评审准则》规定的程序或者时限实施评审活动；(二)对同一检验检测机构既实施咨询又实施评审；(三)与所评审检验检测机构有利害关系或者其评审可能对公正性产生影响，未进行回避；(四)透露工作中所知悉的国家秘密、商业秘密和技术秘密；(五)收受和谋取当事人的钱财等其他形式的不当利益；(六)出具虚假或者不实的评审结论。”

17.【答案】正确

【解析】见考试用书“设备校准结果及运用”相关内容。

18.【答案】正确

【解析】见考试用书“设备校准结果及运用”相关内容。

19.【答案】正确

【解析】该手册适用于公路工程等级试验检测机构、工地试验室仪器设备的检定/校准工作，以及质量监督机构对试验检测行业的管理工作。

20.【答案】正确

【解析】申诉的定义。

21.【答案】正确

【解析】见《检验检测机构资质认定管理办法》(质检总局令第163号)。

22.【答案】不正确

【解析】见《检验检测机构资质认定管理办法》(质检总局163号局长令)第十条。资质认定部门应当自受理申请之日起45个工作日内，依据检验检测机构资质认定基本规范、评审准则的要求，完成对申请人的技术评审。

23.【答案】正确

【解析】见《检验检测机构资质认定评审准则》4.5.31。

24.【答案】不正确

【解析】组织合同评审应该是在合同签订前进行。

25.【答案】正确

【解析】对检测能力范围日常检测项目,可采用简化的方式,由收样员进行合同评审,并填写《委托协议书》,双方签字确认。

26.【答案】不正确

【解析】见《公路水运工程试验检测管理办法》(交通运输部令2016年第80号)第三条第三款,已删除“经考试合格”。

27.【答案】正确

【解析】见《检验检测机构资质认定评审准则》4.4.7。

28.【答案】不正确

【解析】见《公路水运工程试验检测管理办法》第三十八条。检测机构依据合同承担公路水运工程试验检测业务,不得转包、违规分包。注意“违规”一词。

29.【答案】不正确

【解析】期间核查的重点测量设备主要包括:1)仪器设备性能不稳定,漂移率大的;2)使用非常频繁的;3)经常携带到现场检测的;4)在恶劣环境下使用的仪器设备;5)曾经过载或怀疑有质量问题的;6)因设备使用频率较低,校准周期长于校准规范规定时间的。

30.【答案】不正确

【解析】见考试用书“仪器设备计量溯源及期间核查”相关内容。

三、多项选择题

1.【答案】BCD

【解析】见《检验检测机构资质认定管理办法》第十八条。“评审组在技术评审中发现有不符合要求时,应当书面通知申请人限期整改,整改期不得超过30个工作日。逾期未完成整改或者整改后仍不符合要求的,相应评审项目应当判定不合格。”

2.【答案】ABC

【解析】见《检验检测机构资质认定评审准则》4.3.1。

3.【答案】ABCD

【解析】见《检验检测机构资质认定评审准则》4.5.17。要注意的是,新准则将“非标准方法和检验检测机构制定的方法”纳入了可以使用的范畴。

4.【答案】ABCD

【解析】见《检验检测机构资质认定评审准则》4.2.8。

5.【答案】ABC

【解析】见《检验检测机构资质认定评审准则》4.5.32。

6.【答案】ABC

【解析】见《计量法》及《计量法实施细则》。

7.【答案】ABC

【解析】见《检验检测机构资质认定评审准则》4.4.5。选项D是可以通过检查、修复解决,但不会影响检测结果。

8.【答案】BCD

【解析】见考试用书"能力验证"相关内容。

9.【答案】ABCD

【解析】见考试用书"常用数理统计工具"相关内容。

10.【答案】ABCD

【解析】校准的内容和项目,只是评定测量装置的示值误差,以确保量值准确。而检定的内容则是对测量装置的全面评定,要求更全面,除了包括校准的全部内容之外,还需要检定有关项目。例如,某种计量器具的检定内容应包括计量器具的技术条件、检定条件、检定项目和检定方法、检定周期及检定结果的处置等。

11.【答案】ABCD

【解析】见考试用书"期间核查"相关内容。

12.【答案】AB

【解析】《国家认监委关于印发检验检测机构资质认定配套工作程序和技术要求的通知》中,管理类的8个文件是:1)检验检测机构资质认定 公正性和保密性要求;2)检验检测机构资质认定 专业技术评价机构基本要求;3)检验检测机构资质认定 评审员管理要求;4)验检测机构资质认定 标志及其使用要求;5)验检测机构资质认定 证书及其使用要求;6)检验检测机构资质认定 检验检测专用章使用要求;7)验检检测机构资质认定 分类监管实施意见;8)检验检测机构资质认定 评审工作程序。

评审类的3个文件是:9)检验检测机构资质认定评审准则;10)检验检测机构资质认定 刑事技术机构评审补充要求;11)检验检测机构资质认定。

司法鉴定机构评审补充要求表格类的4个文件是:12)检验检测机构资质认定许可公示表;13)检验检测机构资质认定申请书;14)检验检测机构资质认定评审报告;15)检验检测机构资质认定审批表。

13.【答案】ABD

【解析】见《公路水运工程安全生产监督管理办法》第一章第一条。考生应关注制定

管理办法的上位法律法规。

14.【答案】BD

【解析】见考试用书“能力验证结果的统计处理和能力评价”相关内容、CNAS-GL02《能力验证结果的统计处理和能力评价指南》附件 A　检测实验室间能力验证计划的结果处理方法“A.4　总计统计量”。

15.【答案】AD

【解析】见考试用书“试验检测常用术语和定义”相关内容。

16.【答案】ACD

【解析】见标准物质的定义,掌握标准物质的特性。标准物质具有三个显著特点:1)具有特性量值的准确性、均匀性、稳定性;2)量值具有传递性;3)实物形式的计量标准。

17.【答案】AC

【解析】见《检验检测机构资质认定评审准则》4.2.7。这里考查的是机构与人员应该建立合法的关系形式。

18.【答案】AB

【解析】见《中华人民共和国法定计量单位》(1984 年 2 月 27 日国务院发布)。

19.【答案】BCD

【解析】见《中华人民共和国法定计量单位》(1984 年 2 月 27 日国务院发布)。

20.【答案】AC

【解析】见《中华人民共和国法定计量单位》(1984 年 2 月 27 日国务院发布)。

21.【答案】ACD

【解析】计量检定是指为评定计量器具的计量性能,确定其是否合格所进行的全部工作,包括检验和加封盖印等。它是进行量值传递的重要形式,是保证量值准确一致的重要措施。

22.【答案】ABCD

【解析】见《公路水运工程试验检测信用评价办法(试行)》。

23.【答案】ABCD

【解析】见《检验检测机构资质认定评审准则》4.5.14。检测结果再现所需要的信息很多,这里只是举例说明什么是充分的信息。记录还应包括抽样的人员、每项检验检测人员和结果校核人员的标识。观察结果、数据和计算应在产生时予以记录,对记录的所有改动应有改动人的签名或签名缩写。记录可存于任何媒体上。

24.【答案】AD

【解析】见《检验检测机构资质认定评审准则》4.4.6。“无论什么原因,若设备脱离了检验检测机构的直接控制,应确保该设备返回后,在使用前对其功能和校准状态进行核查,并

得到满意结果。”

25.【答案】CD

【解析】见《检验检测机构资质认定管理办法》第二十二条。“检验检测机构及其人员从事检验检测活动，应当遵守国家相关法律法规的规定，遵循客观独立、公平公正、诚实信用的原则，恪守职业道德，承担社会责任。”增加了“诚信”方面的内容。这是从业人员的行为规范。

第二部分　桥梁隧道工程

模拟试题一

说明：1. 本模拟试题设置单选题30道、判断题30道、多选题20道、综合题5道（含25道小题），总计150分；模拟自测时间为150分钟。

2. 本模拟试题仅供考生进行考前自测使用。

一、单项选择题（下列各题中，只有一个备选项最符合题意，请填写最符合题意的一个备选项，选错或不选不得分。每题1分。）

1. 桥梁工程质量检验评定以(　　)工程为基本评定单元。

A. 单位　　B. 分项　　C. 分部　　D. 建设

2. 在石料单轴抗压强度试验中，试件破坏荷载应大于压力试验机全程的(　　)且小于压力试验机全程的80%。

A. 10%　　B. 15%　　C. 20%　　D. 25%

3. 钢筋连接接头应满足强度及变形性能的要求，接头连接件的屈服承载力和受拉承载力的标准值不应小于被连接钢筋的屈服承载力和受拉承载力标准值的(　　)倍。

A. 1.0　　B. 1.1　　C. 1.2　　D. 1.25

4. 在混凝土试件成型中，对于坍落度为50mm的混凝土，宜选用(　　)。

A. 插入式振捣棒捣实　　B. 标准振动台振实

C. 振捣棒人工捣实　　D. 以上方式均可

5. 隧道高分子防水卷拉伸性能试验时，裁取试件所需要的尺寸(纵向×横向)为(　　)。

A. 100mm×50mm　　B. 150mm×150mm

C. 120mm×25mm　　D. 200mm×200mm

6. 锚具疲劳荷载性能试验，锚具零件未发生疲劳破坏，钢绞线因锚具夹持作用发生疲劳破坏的截面面积不应大于原试样总截面面积的(　　)。

A. 2%　　B. 3%　　C. 4%　　D. 5%

7. 采用超声回弹综合法检测混凝土强度，超声测试的方式不包括(　　)。

A. 斜测法　　B. 对测法　　C. 角测法　　D. 单面平测法

8. 混凝土中钢筋锈蚀电位的测试结果为 -350mV,则该混凝土中钢筋的锈蚀状况评定标度为(　　)。

A. 1　　B. 2　　C. 3　　D. 4

9. 进行钢筋保护层厚度测试时,在被测钢筋的同一位置应重复读取(　　)数据,且相差不能超过(　　),否则数据无效。

A. 2 次; 2mm　　B. 2 次; 1mm

C. 3 次; 2mm　　D. 3 次; 1mm

10. 对岩石进行饱和单轴抗压强度试验,实测标准值为 35.0MPa,则该岩石属于(　　)。

A. 坚硬岩　　B. 较硬岩　　C. 较软岩　　D. 软岩

11. 深层平板荷载试验用于确定地基土在承压板压力主要影响范围内土层的承载力及变形模量,其适用范围是埋深≥(　　)和地下水位以上的地基土。

A. 3.0m　　B. 4.0m　　C. 5.0m　　D. 6.0m

12. 对直径≤1.5m 的摩擦桩进行成孔质量检测,当设计无要求时,其沉淀厚度应≤(　　)。

A. 500mm　　B. 400mm　　C. 300mm　　D. 200mm

13. 采用低应变反射波法对某桩基进行桩身完整性检测,检测结果为:①曲线不规则,未见桩底反射;②第一反射子波与入射波同相位,但频率明显降低;③在桩身中、浅部位,可见到多次反射子波。则该桩身的缺陷应判断为(　　)。

A. 离析　　B. 扩径　　C. 缩径　　D. 桩底沉渣

14. 按规范,将桥梁主要部件、次要部件和总体技术状况的评定等级分别划分为(　　)。

A. 1~5 类、1~5 类、1~5 类　　B. 1~4 类、1~4 类、1~5 类

C. 1~5 类、1~4 类、1~5 类　　D. 1~5 类、1~5 类、1~4 类

15. 以下选项中,不属于桥梁现场荷载试验范畴的是(　　)。

A. 静应变、静挠度、裂缝测试

B. 试验荷载作用下,桥梁结构异常现象观测

C. 桥梁结构抗疲劳性能测试

D. 结构动力(自振)特性和行车动力反应测试

16. 电阻应变电测技术中,下列关于温度补偿的表述,不正确的是(　　)。

A. 温度补偿片应与工作片同规格

B. 温度补偿片和工作片应粘贴在相同的材料上

C. 温度补偿片一般放置于桥面通风处以迅速感应环境温度的变化

D. 一个补偿片可补偿多个工作片

17. 已知某简支梁桥2阶竖向振型为反对称形态,要测定该桥的2阶振型,则参考点应安装在( )。

A. 支点截面　　B. $L/4$ 截面附近

C. 跨中截面　　D. 可安装在任意位置

18. 对在用桥梁进行承载力检测评定,以下关于检算内容和方法的表述中,正确的是( )。

A. 必须完成承载能力极限状态和正常使用极限状态的评定计算

B. 当结构或构件的承载能力检算系数评定标度 $D<3$ 时,可不作正常使用极限状态评定计算

C. 当荷载效应与抗力效应比值大于1.0时,应进行正常使用极限状态评定计算

D. 当活载影响系数大于2.0时,应进行正常使用极限状态评定计算

19. 对在用桥梁承载能力进行检算评定,反映配筋混凝土桥梁的质量状况衰退,并与环境条件有关的指标是( )。

A. 温度修正系数　　B. 承载能力恶化系数

C. 钢筋截面损伤折减系数　　D. 混凝土构件截面损伤折减系数

20. 桥梁承载能力评定时,通过静载试验获取检算系数 Z_2,重新进行了检算,如荷载效应与抗力效应比值小于( ),应判定桥梁承载能力满足要求。

A. 0.95　　B. 1.00　　C. 1.05　　D. 1.15

21. 桥梁静力荷载试验,要求结构主要测点的相对残余应变(挠度)不得超过( )。

A. 20%　　B. 15%　　C. 10%　　D. 5%

22. 公路隧道质量评定的外观检查中,( )不列为一个单独的分部工程。

A. 总体　　B. 衬砌　　C. 洞门　　D. 路面

23. 全断面法主要适用于( )隧道的开挖掘进。

A. Ⅰ~Ⅲ级围岩双车道及以下跨度

B. Ⅰ~Ⅳ级围岩三车道及以下跨度

C. Ⅳ~Ⅵ级围岩双车道及以下跨度

D. Ⅳ~Ⅵ级围岩三车道及以下跨度

24. 锚杆杆体长度必须与设计相符,用直尺测量,长度不得小于设计长度的( )。

A. 90%　　B. 95%　　C. 100%　　D. 105%

25. 隧道周边收敛和拱顶下沉检测断面,要求在距离开挖面2m以内、开挖后( )内埋设测点。

A. 6h　　B. 12h　　C. 18h　　D. 24h

26. 采用位移变化速率可判断隧道围岩的稳定性,当位移变化速率小于( )时,表明围

岩已达到基本稳定,可进行二次衬砌施工。

A. 0.05mm/d　　B. 0.10mm/d　　C. 0.20mm/d　　D. 0.50mm/d

27. 对于正在施工的隧道,其一氧化碳浓度不宜大于(　　)。

A. $20mg/m^3$　　B. $25mg/m^3$　　C. $30mg/m^3$　　D. $40mg/m^3$

28. 如把路面的光反射视为漫反射,那么亮度 L 与照度 E、反射系数 ρ 间的关系为(　　)。

A. $L=\pi\rho E$　　B. $L=\pi\rho/E$　　C. $E=\pi\rho L$　　D. $L=\rho E/\pi$

29. 某二级公路隧道长度为1800m,年平均日交通量为11000pcu/d,按照《公路隧道养护技术规范》(JTG H12—2015)的要求,其结构定期检查的频率应为(　　)。

A. 1 次/月　　B. 1 次/年

C. 1 次/2 年　　D. 1 次/3 年

30. 对于2类隧道的养护对策为(　　)。

A. 正常养护

B. 应对结构破损部分进行监测或检查,必要时实施保养维修

C. 应尽快实施结构病害处治措施

D. 关闭隧道

二、判断题(请对下列题述观点正确与否进行判断,判断准确得分,否则不得分。每题1分。)

1. 分项工程的关键检查项目中,机电工程的合格率应达到100%。

(　　)正确　　(　　)不正确

2. 分项工程质量评定时,若质量保证资料不完整,则判定该分项工程不合格。

(　　)正确　　(　　)不正确

3. 混凝土原材料砂的细度模数为2.9,则该砂为中砂。

(　　)正确　　(　　)不正确

4. 在常温条件下,对有明显屈服现象的钢材标准试样进行拉伸试验,通常取下屈服强度作为屈服强度特征值。

(　　)正确　　(　　)不正确

5. 锚具在静载锚固性能试验过程中需观察锚具的变形,在静载锚固性能满足后,夹片允许出现微裂和横向、斜向断裂,不允许纵向断裂及碎断。

(　　)正确　　(　　)不正确

6. 采用钻芯法检测混凝土的抗压强度时,芯样试件应在20℃ ±5℃的清水中浸泡40~48h。

(　　)正确　　(　　)不正确

7. 在进行混凝土碳化深度的测量时,应先除净孔洞中的粉末和碎屑后,再喷涂浓度为1% ~2% 的酚酞酒精试剂。

(　　)正确　　　　　　　　　　(　　)不正确

8. 采用超声法检测灌注桩的混凝土质量,在对同一根桩的检测过程中,接收波幅过小时,应适当调整声波发射电压。

(　　)正确　　　　　　　　　　(　　)不正确

9. 采用超声法检测混凝土内部不密实区、空洞时,可采用单面平测法。

(　　)正确　　　　　　　　　　(　　)不正确

10. 平板荷载试验与圆锥动力触探试验均为公路桥涵勘察中的原位测试方法,均可用于确定地基承载力和变形模量。

(　　)正确　　　　　　　　　　(　　)不正确

11. 桥梁地基浅层平板荷载试验,在荷载-沉降关系曲线中,土体压力与变形呈线性关系的阶段为弹性阶段。

(　　)正确　　　　　　　　　　(　　)不正确

12. 超声波法不能用于检测桩的孔径和垂直度。

(　　)正确　　　　　　　　　　(　　)不正确

13. 在进行基桩承载能力检测时,为安置沉降测点和仪表,试桩顶部露出试坑地面的高度不宜小于 300mm,试坑地面宜略高于桩承台底设计高程。

(　　)正确　　　　　　　　　　(　　)不正确

14. 当桥梁有中等缺损,尚能维持正常使用功能,该桥梁的总体技术状况等级为 3 类。

(　　)正确　　　　　　　　　　(　　)不正确

15. 某桥梁静载试验共使用两台加载车进行加载,因此只能分两级加载。

(　　)正确　　　　　　　　　　(　　)不正确

16. 某桥梁荷载试验,为测量梁端剪应力的大小,应在支点截面的中性轴高度沿 45°方向粘贴单轴应变片测量。

(　　)正确　　　　　　　　　　(　　)不正确

17. 进行桥梁的自振频率测试时,在不改变样本长度(数据点的数量)且分析带宽能满足要求的前提下,适当降低信号采样频率可提高频谱分析精度。

(　　)正确　　　　　　　　　　(　　)不正确

18. 对于多跨或多孔桥梁的承载能力评定,应对所有桥跨或桥孔分别评定。

(　　)正确　　　　　　　　　　(　　)不正确

19. 对某桥进行基于技术状况检查的承载能力检算评定,如检算得到的作用效应与抗力效应的比值为 1.1,则说明该桥的承载能力不满足要求。

( )正确 ( )不正确

20. 对某桥进行承载能力检算评定,其设计荷载效应为4000kN·m,活载影响修正系数 $\xi_q = 1.10$,则修正后的实际荷载效应为4400kN·m。

( )正确 ( )不正确

21. 对某在用桥梁进行承载能力检测评定,静载试验主要测点的校验系数大于1,应根据主要测点校验系数的较大值获取检算系数 Z_2,并按有关规定再次进行承载力检算。

( )正确 ( )不正确

22. 锚杆材质需具有一定的延展性,对于杆体材料为钢材的锚杆,其断后伸长率不应小于16%。

( )正确 ( )不正确

23. 采用地质雷达进行隧道混凝土衬砌内部状况检测时,测线布置应以纵向布置为主,环向布置为辅。

( )正确 ( )不正确

24. 在隧道复合式衬砌中,防水板应采用易于焊接的防水卷材,接缝长度应不小于50mm。

( )正确 ( )不正确

25. 对隧道围岩进行注浆时,悬浊液的渗透能力取决于颗粒大小,溶液的渗透能力取决于黏度。

( )正确 ( )不正确

26. 钢弦式应变计是衬砌内部应力量测的常用仪器,应变计埋设时要保证传感器受力方向与隧道开挖轮廓线相垂直。

( )正确 ( )不正确

27. 隧道围岩岩体完整性系数 $K = \left(\frac{v_1}{v_2}\right)^2$,式中,$v_1$ 为岩块声波纵波速度,v_2 为岩体声波纵波速度。

( )正确 ( )不正确

28. 采用滤膜法检测隧道内粉尘浓度时,在对采样后的滤膜进行称量前,必须对滤膜进行除静电操作。

( )正确 ( )不正确

29. 当运营隧道内的烟雾浓度达到 0.012m^{-1} 时,应采取交通管制等措施。

( )正确 ( )不正确

30. 隧道洞顶各种预埋件和悬吊件严重锈蚀或断裂,各种桥架和挂件出现严重变形或脱落时,应评定土建结构为5类隧道。

( )正确 ( )不正确

三、多项选择题(在下列各题的备选答案中,有两个或两个以上的备选项符合题意,请填写符合题意的备选项,选项部分正确按比例得分,出现错误选项该题不得分,完全正确的得满分。每题2分。)

1. 以下选项中,属于分项工程质量检验内容的是(　　)。

A. 外观缺陷检查　　B. 质量保证资料完整性

C. 实测项目得分　　D. 施工准备

2. 混凝土的主要力学性能包括(　　)。

A. 立方体抗压强度　　B. 棱柱体轴心抗压强度

C. 棱柱体轴心抗拉强度　　D. 棱柱体抗压弹性模量

3. 下列关于混凝土结构内部钢筋锈蚀电位检测方法的描述,说法错误的有(　　)。

A. 一般采用四电极法检测的混凝土结构内部的钢筋锈蚀电位

B. 为减少测试电极与被测混凝土之间的接触电阻,测区混凝土表面应预先充分润湿

C. 当测区混凝土表面有绝缘涂料时,可先打磨清除绝缘涂料后,再检测钢筋锈蚀电位

D. 钢筋锈蚀电位检测属于无损检测,直接在混凝土表面操作,无需开孔连接钢筋

4. 关于回弹仪的检定,下列说法正确的有(　　)。

A. 出厂检验合格的新回弹仪可不检定

B. 回弹仪的正常检定周期为半年

C. 经保养后,回弹仪在钢砧上的率定值不满足要求时应送检,合格后才能使用

D. 回弹仪率定所使用的钢砧不做检定要求,但应在适宜的环境保存

5. 在桥梁地基基础检测时,超重型圆锥动力触探试验适用于较密实的(　　)。

A. 碎石土　　B. 极软岩

C. 软岩　　D. 素填土

6. 钻孔灌注桩桩身完整性的检测方法包括(　　)。

A. 低应变反射波法　　B. 高应变动力试桩法

C. 声波透射法　　D. 钻芯取样法

7. 下列选项中,属于钻芯法检测混凝土灌注桩桩身完整性的局限性的有(　　)。

A. 操作不便、成本高

B. 芯样只能反映桩身局部混凝土质量,不能用于判断桩身的整体状况

C. 不能准确判断桩身局部缺陷和水平裂缝

D. 钻芯取样后,桩身受损,需对空洞进行修复

8. 桥梁动载试验的测试内容包括(　　)。

A. 材料力学性能　　B. 动力响应

C. 荷载效率　　D. 自振特性

9. 桥梁结构自振特性测定的激励方法包括(　　)等。

A. 跳车激励　　B. 行车余振激励

C. 环境随机激励　　D. 利用发电机或搅拌机等设备进行激励

10. 桥梁结构实际承载能力的评定方法包括(　　)。

A. 根据桥梁设计图纸进行承载力验算

B. 桥梁定期检查

C. 在技术状况检测的基础上进行承载力检算

D. 桥梁荷载试验

11. 关于在用桥梁承载能力检测评定的程序和标准,下列说法正确的有(　　)。

A. 根据检算,荷载效应与抗力效应的比值大于 1.0 时,可直接判定桥梁承载能力不满足要求

B. 根据检算,荷载效应与抗力效应的比值小于 1.0 时,可直接判定桥梁承载能力满足要求

C. 根据检算,荷载效应与抗力效应的比值大于 1.2 时,可直接判定桥梁承载能力不满足要求

D. 根据检算,荷载效应与抗力效应的比值为 1.0 ~ 1.2 时,应通过荷载试验确定其承载能力

12. 圬工及配筋混凝土桥梁的承载能力检算系数 Z_1 根据(　　)的检测结果来确定。

A. 结构自振频率　　B. 结构或构件的缺损状况

C. 荷载试验校验系数　　D. 材质强度

13. 影响隧道围岩稳定的因素包括(　　)等。

A. 围岩的完整性　　B. 围岩的性质

C. 地下水的影响　　D. 开挖方式、支护结构等施工因素

14. 下列关于隧道激光断面仪操作、应用的相关表述,说法正确的有(　　)。

A. 条件许可时仪器应布置在隧道轴线上

B. 被测断面须与隧道轴线垂直

C. 二次衬砌检测断面通常为 50m 一个

D. 初期支护检测断面通常为 10m 一个

15. 隧道施工时,混凝土衬砌质量检测的内容包括(　　)。

A. 混凝土强度　　B. 混凝土衬砌结构厚度

C. 混凝土密实度　　D. 混凝土缺陷

16. 隧道周边收敛和拱顶下沉监控断面的位置应相同,断面埋设和数据测读应满足(　　)等要求。

A. 每 5 ~ 50m 设一个断面　　B. 检测断面距离开挖面不超过 5m

C. 开挖后 24h 内埋设测点　　D. 埋设后 1 ~ 15d 内,每天观测 1 ~ 2 次

E. 周边收敛每次测读 2 次数据

17. 隧道监控量测中,下列关于钢架应力量测的相关描述,说法正确的有(　　)。

A. 常采用钢弦应变计进行量测

B. 每断面设 3 ~ 7 测点,布置在拱顶、拱腰、边墙处

C. 钢架节段的接头部位是检测重点

D. 型钢钢架测点应布置在上、下翼缘处

18. 采用滤膜法对施工隧道内总粉尘浓度进行检测,当空气中粉尘浓度≤50mg/m^3 时,可采用直径为(　　)的滤膜。

A. 37mm　　B. 40mm　　C. 75mm　　D. 80mm

19. 可采用以下(　　)等设备测定隧道内空气的相对静压。

A. U 形压差计　　B. 空盒气压计

C. 皮托管　　D. 补偿式微压计

20. 隧道经常性检查的结论主要以判断为主,对各个检查项目的判定结果分为(　　)等几种。

A. 情况正常　　B. 完好

C. 一般异常　　D. 严重异常

四、综合题(按所给问题的背景资料,正确分析并回答问题。每大题有 5 小题,每小题有四个备选项,请从中选出一个或一个以上正确答案,选项全部正确得分,出现漏选或错误选项均不得分。每小题 2 分。)

1. 某桥梁工程项目,采用超声回弹综合法对预制空心板梁的混凝土抗压强度进行检测,同时还实测得到混凝土碳化深度为 0.5mm。请回答以下相关问题。

(1)根据超声回弹综合法的相关规定,关于现场测试的表述,下列说法正确的是(　　)。

A. 测区应优先布置在混凝土的浇筑底面

B. 应先完成回弹测试,再进行超声测试

C. 应根据碳化深度修正强度检测结果

D. 超声测试优先采用对测或角测法

(2)1 号测区布置在空心板底面,回弹仪竖直向上 90°弹击,回弹值实测结果见下表,则在

进行各项修正前 1 号测区的回弹代表值为(　　)。

39	39	40	35	35	36	36	36
36	36	36	37	37	28	30	31

A. 35.0　　B. 36.0　　C. 35.0MPa　　D. 36.0MPa

(3)本题计算所需的修正系数见下表,依据规范,1 号测区的计算结果正确的是(　　)。

非水平方向检测时修正表

平均回弹值 R_m	检测角度（向上为正、向下为负）	
	-90°	90°
31.0	3.5	-4.9
32.0	3.4	-4.8
33.0	3.4	-4.7
34.0	3.3	-4.6
35.0	3.3	-4.5
36.0	3.2	-4.4
37.0	3.2	-4.3

混凝土浇筑面修正表

平均回弹值 R_m	浇筑面	
	表面	底面
30.0	1.5	-2.0
31.0	1.4	-1.9
32.0	1.3	-1.8
33.0	1.2	-1.7
34.0	1.1	-1.6
35.0	1.0	-1.5
36.0	0.9	-1.4
37.0	0.8	-1.3

A. 针对角度的修正值为 -4.4

B. 针对浇筑面的修正值为 -1.4

C. 修正后 1 号测区的回弹代表值为 30.2

D. 修正后 1 号测区的回弹代表值为 29.8

(4)对 1 号测区的超声测试采用单面平测法,超声检测仪的零声时为 5.0μs,3 组超声测点的测距均为 400mm,声时分别 108.0μs、112.0μs、113.0μs。依据规范,以下计算和说法正确的是(　　)。

A. 要计算 1 号测区的声速代表值,修正系数包括测试面修正系数 β 及平测声速修正系数 λ

B. 1 号测区的声速代表值为修正前的声速代表值乘以超声测试面修正系数 β

C. 修正前 1 号测区的声速代表值为 3.77km/s

D. 修正前 1 号测区的声速代表值为 3.60km/s

(5)根据测试和计算结果,可计算测区混凝土强度换算值和构件混凝土强度推定值,依据规范,以下说法正确的是(　　)。

A. 当缺少专用或地区测强曲线时,可采用全国统一测强曲线,但使用前应进行验证

B. 测区混凝土强度换算值根据修正后的回弹代表值、声速代表值及碳化深度查表得到

C. 当构件的测区数少于 10 个时,混凝土强度推定值取所有测区强度换算值的最小值

D. 当构件的测区数不少于 10 个时,混凝土强度推定值为所有测区强度换算值的平均值

2. 关于板式橡胶支座抗剪弹性模量的试验检测,请回答下列问题。

(1)规范对试验前支座的停放与试验条件进行了规定,关于支座停放温度和时间,下列说法正确的有(　　)。

A. 温度 23℃ ±5℃、时间 24h　　B. 温度 23℃ ±5℃、时间 48h

C. 温度 30℃ ±2℃、时间 24h　　D. 温度 30℃ ±2℃、时间 48h

(2)400mm × 500mm × 100mm 型号的橡胶板式支座,在试样安装时,上、下试样中心应对中,允许偏差不得超过(　　)。

A. 4.0mm　　B. 5.0mm　　C. 6.0mm　　D. 8.0mm

(3)在抗剪弹性模量试验过程中,需对支座施加竖向荷载和预加水平荷载,下列表述正确的有(　　)。

A. 先施加竖向荷载至压应力 $\sigma = 10.0\text{MPa}$,保持荷载在整个试验中不变,再预加水平荷载至剪应力 $\tau = 1.0\text{MPa}$

B. 先预加水平荷载至剪应力 $\tau = 1.0\text{MPa}$,保持荷载在整个试验中不变,再施加竖向荷载至压应力 $\sigma = 10.0\text{MPa}$

C. 施加竖向荷载需进行 3 次,施加荷载过程中应记录初始值

D. 预加水平荷载需进行 3 次,预加荷载过程中应记录初始值

(4)若某类型橡胶板式支座 3 次加载测得的综合抗剪弹性模量分别为 1.03MPa、1.04MPa、1.08MPa,则该板式橡胶支座的综合抗剪弹性模量应取(　　)。

A. 1.03MPa　　B. 1.04MPa　　C. 1.05MPa　　D. 1.08MPa

(5)关于成品板式橡胶支座抗剪弹性模量试验结果的判定,下列说法正确的有(　　)。

A. 随机抽取 3 对支座,若有 1 对支座试验结果不能满足规范要求,则认为该批次产品不合格

B. 随机抽取 3 对支座,若有 2 对支座试验结果不能满足规范要求,则认为该批次产品不合格

C. 随机抽取 3 对支座,若有 1 对支座试验结果不能满足规范要求,则应从该批次产品中随机再抽取双倍支座进行复检,若仍有一对不合格,则判定该批次产品不合格

D. 随机抽取 3 对支座,若有 2 对支座试验结果不能满足规范要求,则应从该批次产品中随机再抽取双倍支座进行复检,若仍不合格,则判定该批次产品不合格

3. 某 4 跨简支 T 梁桥,每跨由 5 片 T 梁装配而成。经现场检查发现该桥的主要病害有:①部分T 梁开裂;②部分横隔板开裂;③个别支座脱空;④桥台基础局部冲刷、淘空;⑤桥面铺装破损;⑥有 1 片 T 梁发生位移并存在失稳现象。请根据《公路桥梁技术状况评定标准》(JTG/T H21—2011)完成该桥的技术状况评定。

(1)对于桥梁构件、部件的划分,下列说法正确的是( )。

A. 所有的支座称为支座部件

B. 一片 T 梁为 1 个构件

C. 横隔板属于上部结构的一般构件

D. 桥台基础的局部冲刷属于桥台部件的病害

(2)对于该桥,以下属于主要部件的有( )。

A. T 梁　　B. 支座　　C. 桥台　　D. 桥墩

(3)以下关于桥梁部件技术状况评分方法的说法,错误的有( )。

A. 构件数量不影响部件评分

B. 各构件评分分别乘以各构件的权重得到部件评分

C. 部件评分与构件平均评分、构件最低评分有关

D. 各片 T 梁的最低评分值为 50.0,则上部承重构件的评分为 50.0

(4)根据计算该桥上部承重构件、上部一般构件、支座的技术状况评分分别为 55.00、75.00、65.00,权重值分别为 0.70、0.18、0.12,则该桥上部结构技术状况评分和评定结果正确的是( )。

A. 上部结构的技术状况评分为 65.00　　B. 上部结构的技术状况评分为 59.80

C. 上部结构技术状况评定为 3 类　　D. 上部结构技术状况评定为 4 类

(5)若该桥下部结构、桥面系的技术状况评分分别为 75.00、80.00,上部结构、下部结构、桥面系的权重值分别为 0.40、0.40、0.20,则根据题述中的病害情况以及以上计算结果,该桥总体技术状况评分和评定结果正确的是( )。

A. 该桥总体技术状况评分为 69.92　　B. 该桥总体技术状况评分为 71.60

C. 该桥总体技术状况评定为 3 类　　D. 该桥总体技术状况评定为 5 类

4. 某单跨预应力混凝土简支箱梁桥,计算跨径为 30.0m,桥梁立面图如下所示,横断面采用单箱单室构造,箱梁采用 C50 混凝土整体现浇施工。桥面净宽为 2 ×0.25m(防撞栏杆)+7.5m(车行道)=8.0m,设计荷载等级为公路—Ⅰ级,无人群荷载,两车道设计,冲击系数取值为 0.20。对该桥进行静载试验,在跨中截面布设了应变片和电测位移计检测结构的应变和挠度,偏载工况部分测点的实测值及计算值见下表。请回答以下问题。

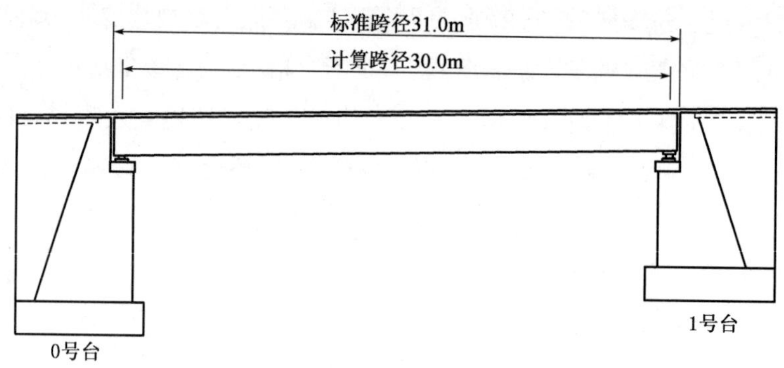

桥梁立面图

跨中截面最大正弯矩偏载工况部分应力、挠度实测值及计算值

测　　点	荷载试验实测值			理论计算值
	初始值	加载测值	卸载测值	
1 号应变测点(με)	3	83	6	100
2 号应变测点(με)	2	75	8	90
1 号挠度测点(mm)	0.02	5.45	0.10	7.10
2 号挠度测点(mm)	0.06	4.95	0.12	6.60

注:挠度测点的实测挠度值均已扣除支座变形;$1\mu\varepsilon = 1 \times 10^{-6}$。

(1)根据设计规范,该桥公路—Ⅰ级车道荷载的均布荷载标准值取 10.5kN/m,集中荷载标准值取 320.0kN,则该桥跨中截面正弯矩的设计控制值为(　　)。

A. 3581.25kN · m　　B. 4297.50kN · m

C. 7162.50kN · m　　D. 8595.00kN · m

(2)对题目中提供的测试数据进行处理和分析,其中正确的包括(　　)。

A. 1 号应变测点的实测总应变和弹性应变分别为 80με 和 77με

B. 2 号应变测点的实测总应变和弹性应变分别为 75με 和 67με

C. 1 号挠度测点的实测总挠度和弹性挠度分别为 5.43mm 和 5.35mm

D. 2 号挠度测点的实测总挠度和弹性挠度分别为 4.83mm 和 4.89mm

(3)根据题目中提供的测试数据和理论计算结果,校验系数计算结果正确的包括(　　)。

A. 1 号、2 号应变测点的应变校验系数分别为 0.800 和 0.811

B. 1 号、2 号应变测点的应变校验系数分别为 0.770 和 0.744

C. 1 号挠度测点的挠度校验系数为 0.754

D. 2 号挠度测点的挠度校验系数为 0.741

(4)根据题目中提供的测试数据,各测点的相对残余计算结果正确的有(　　)。

A. 1 号应变测点的相对残余应变为 7.2%

B. 2 号应变测点的相对残余应变为 2.7%

C.1 号挠度测点的相对残余挠度为 1.5%

D.2 号挠度测点的相对残余挠度为 1.2%

(5)跨中截面箱梁下缘发现 1 条纵向裂缝，加载时裂缝宽度为 0.16mm，未发现横向和竖向裂缝，则以下表述正确的有(　　)。

A. 预应力结构不允许开裂，抗裂性能不满足要求

B. 纵向裂缝宽度超过 0.10mm 的规范允许值，抗裂性能不满足要求

C. 纵向裂缝宽度未超过 0.20mm 的规范允许值，抗裂性能满足要求

D. 裂缝数量未超过规范限值，抗裂性能满足要求

5. 某公路隧道穿越两条断层地带，围岩级别为Ⅱ~Ⅲ级，岩层富水性中等偏高，有较普遍的滴水渗水现象，采用以地震波反射法为主的综合超前地质预报法进行预报。请回答以下问题。

(1)根据实际情况，除采用以地震波反射法为主的超前地质预报外，还需要综合其他哪些预报方法(　　)。

A. 地质调查法　　B. 低应变法

C. 红外探测法　　D. 超声脉冲反射法

(2)下列哪些方法适用地下水发育情况的探测预报(　　)。

A. 高分辨直流电法　　B. 红外探测法

C. 地质雷达法　　D. 瞬变电磁法

(3)下列表述正确的选项有(　　)。

A. 地震波反射法的有效探距可达 300m

B. 地震波反射法的两次连续预报的重叠距离不应小于 10m

C. 红外探测法的有效探测距离一般不超过 30m，重叠长度应在 5m 以上

D. 红外探测法的有效探测距离一般不超过 50m，重叠长度应在 8m 以上

(4)关于地震波反射法的相关描述，正确的包括(　　)。

A. 属于弹性波反射法中的一种方法

B. 可用于地下水发育情况的探测预报

C. 可用于地质构造、不良地质体范围的探测预报

D. 采用炸药爆破激发地震波，炸药药量越大，探测效果越好

(5)地震波反射法的炮点、检波器(探头)布置等相关操作正确的有(　　)。

A. 炮点布置在隧道拱顶轴线处，检波器布置在隧道左右边墙上

B. 炮点和检波器均布置在隧道左右边墙上，且高度位置应相同

C. 激发前，炮孔应用水或其他介质填充

D. 所有炮点应同时激发，时间差不得超过 1s

模拟试题二

说明:1. 本模拟试题设置单选题 30 道、判断题 30 道、多选题 20 道、综合题 5 道(含 25 道小题),总计 150 分;模拟自测时间为 150 分钟。

2. 本模拟试题仅供考生进行考前自测使用。

一、单项选择题(下列各题中,只有一个备选项最符合题意,请填写最符合题意的一个备选项,选错或不选不得分。每题 1 分。)

1. 分项工程的关键检查项目中,属于工厂加工制造的桥梁金属构件,其合格率不得低于(　　)。

A. 85%　　B. 90%　　C. 95%　　D. 100%

2. 某混凝土立方体试件抗压强度试验测试结果:试件 A 为 48.5MPa,试件 B 为 51.0MPa,试件 C 为 58.8MPa,则该组混凝土立方体抗压强度测定值为(　　)。

A. 52.8MPa　　B. 51.0MPa　　C. 48.5MPa　　D. 试验结果无效

3. 现有三种公称直径分别为 12.70mm、15.20mm、18.00mm 的 1×7C 结构钢绞线($L_0 \geqslant$ 400mm),这三种钢绞线最大力总伸长率分别不应小于(　　)。

A. 2.0%、2.5%、3.0%　　B. 2.5%、3.0%、3.5%

C. 3.0%、3.0%、3.0%　　D. 3.5%、3.5%、3.5%

4. 混凝土立方体劈裂抗拉强度试验中,混凝土强度等级为 C50 时的加荷速度取(　　)。

A. 0.02~0.05MPa/s　　B. 0.05~0.08MPa/s

C. 0.08~0.10MPa/s　　D. 0.10~0.15MPa/s

5. 在锚具周期性荷载试验中,试样经过(　　)次循环荷载试验后,钢绞线在锚具夹持区域不应发生破断、滑移和夹片松脱现象。

A. 20　　B. 50　　C. 100　　D. 200

6. 下列不适用于桥梁伸缩装置尺寸检测的测量器具的是(　　)。

A. 皮尺　　B. 游标卡尺　　C. 钢直尺　　D. 水准仪

7. 回弹仪在检测前后,均应进行率定试验,率定的相关要求为(　　)。

A. 钢砧的洛氏硬度 HRC 应为 60±2,率定值应为 70±2

B. 钢砧的洛氏硬度 HRC 应为 70±2,率定值应为 70±2

C. 钢砧的洛氏硬度 HRC 应为 80±2,率定值应为 80±2

D. 钢砧的洛氏硬度 HRC 应为 60 ±2,率定值应为 80 ±2

8. 对某构件采用回弹法检测混凝土抗压强度,测区数少于 10 个,该构件的混凝土强度推定值按(　　)确定。

A. 各测区中最大的混凝土强度换算值　　B. 各测区中最小的混凝土强度换算值

C. 各测区混凝土强度换算值的均值　　D. 去除各测区强度最大、最小值后的均值

9. 超声波检测仪的零声时 $t_0=4\mu s$,混凝土构件某测点声距 $L=31cm$,仪器显示声时为 99μs,则超声波在混凝土中传播的声速为(　　)。

A. 3131m/s　　B. 3263m/s　　C. 3010m/s　　D. 3310m/s

10. 当岩体的节理间距为 300mm,则应判定岩体节理的发育程度为(　　)。

A. 不发育　　B. 发育　　C. 很发育　　D. 超发育

11. 对浅层平板荷载试验数据进行分析时,当地基承载力实测值的极差不超过其平均值的(　　),取其平均值作为该土层的地基承载力基本容许值。

A. 10%　　B. 20%　　C. 30%　　D. 40%

12. 重型圆锥动力触探试验一般适用于(　　)、中密以下的碎石土和极软岩。

A. 素填土　　B. 粉土　　C. 黏性土　　D. 砂土

13. 钻孔桩成孔质量检测中,要求其倾斜度小于(　　)。

A. 1.0%　　B. 1.5%　　C. 2.0%　　D. 3.0%

14. 采用超声透射波法检测混凝土灌注桩桩身完整性时,受检桩桩身混凝土强度应至少达到设计强度的 70%,且不应低于(　　)。

A. 10MPa　　B. 12MPa　　C. 15MPa　　D. 20MPa

15.《公路桥梁技术状况评定标准》(JTG/T H21—2011)采用(　　)方法对桥梁的技术状况等级进行评定。

A. 分部件综合评定

B. 分层综合评定与单项指标控制相结合

C. 按重要部件最差的缺损状况评定方法

D. 结构计算与检测数据相结合

16. 对某拱桥进行技术状况评定,经检查该桥无伸缩缝装置(权重 0.25),则桥面铺装的权重应由原来的 0.40 调整为(　　)。

A. 0.65　　B. 0.45　　C. 0.50　　D. 0.53

17. 某桥梁的结构形式为:1 跨 60m 钢筋混凝土箱形拱桥 +1 跨 20m 简支空心板引桥,对该桥进行技术状况评定时,应采用以下哪种方式划分评定对象(　　)。

A. 两跨作为一个整体的评定单元

B. 拱桥和空心板桥分别当作不同部件进行评定

C. 把拱桥和空心板桥划分成两个单元分别评定

D. 以主桥(拱桥)的评定结果作为全桥的评定结果

18. 以下检测参数中,哪项不属于桥梁结构的整体指标(　　)。

A. 应变　　B. 挠度　　C. 自振频率　　D. 振型

19. 用电阻应变片测量混凝土桥梁结构的表面应变,可以选用以下哪种标距的应变片(　　)。

A. 10mm　　B. 20mm　　C. 40mm　　D. 80mm

20. 某简支梁桥的计算跨径 L_0 = 30.0m,静载试验加载时,实测 A 支点的沉降量为 0.20mm,B 支点的沉降量为 0.40mm,$L_0/4$ 截面(靠近 A 支点)的实测竖向变位为 6.50mm,则 $L_0/4$ 截面的挠度为(　　)。

A. 6.30mm　　B. 6.10mm　　C. 6.25mm　　D. 6.75mm

21. 对既有桥梁进行承载能力检算评定时,应根据桥梁检查与检测结果,引入(　　)对极限状态设计表达式进行修正。

A. 冲击系数　　B. 横向分布系数

C. 车道折减系数　　D. 分项检算系数

22. 桥梁承载力检算系数 Z_2 通过静载试验结果得到,其取值是根据(　　)确定。

A. 主要应力(应变)测点的校验系数最大值

B. 主要挠度测点的校验系数最大值

C. 主要测点应力(应变)校验系数和变位校验系数的均值

D. 主要测点应力(应变)校验系数和变位校验系数的较大者

23. 按照《公路工程竣(交)工验收办法实施细则》的规定,在进行公路隧道质量评定的外观检查时,(　　)不列为一个单独的分部工程。

A. 总体　　B. 衬砌　　C. 路面　　D. 初期支护

24. 相比较而言,量测衬砌混凝土厚度较直接、准确的方法是(　　)。

A. 超声法　　B. 地质雷达法

C. 激光断面仪法　　D. 冲击钻打孔量测法

25. 防水板焊缝可采用充气法进行检查,检查方法是将 5 号注射针与压力表相接,用打气筒充气,当压力表达到 0.25MPa 时,保持 15min,压力下降在(　　)以内,则焊缝质量合格。

A. 10%　　B. 15%　　C. 20%　　D. 25%

26. 渗透能力指浆液注入岩层的难易程度,为满足浆液注入,砂性土孔隙直径必须大于浆液颗粒直径的(　　)倍以上。

A. 1　　B. 2　　C. 2.5　　D. 3

27. 隧道围岩与初期支护之间接触压力测量的常用传感器是(　　)。

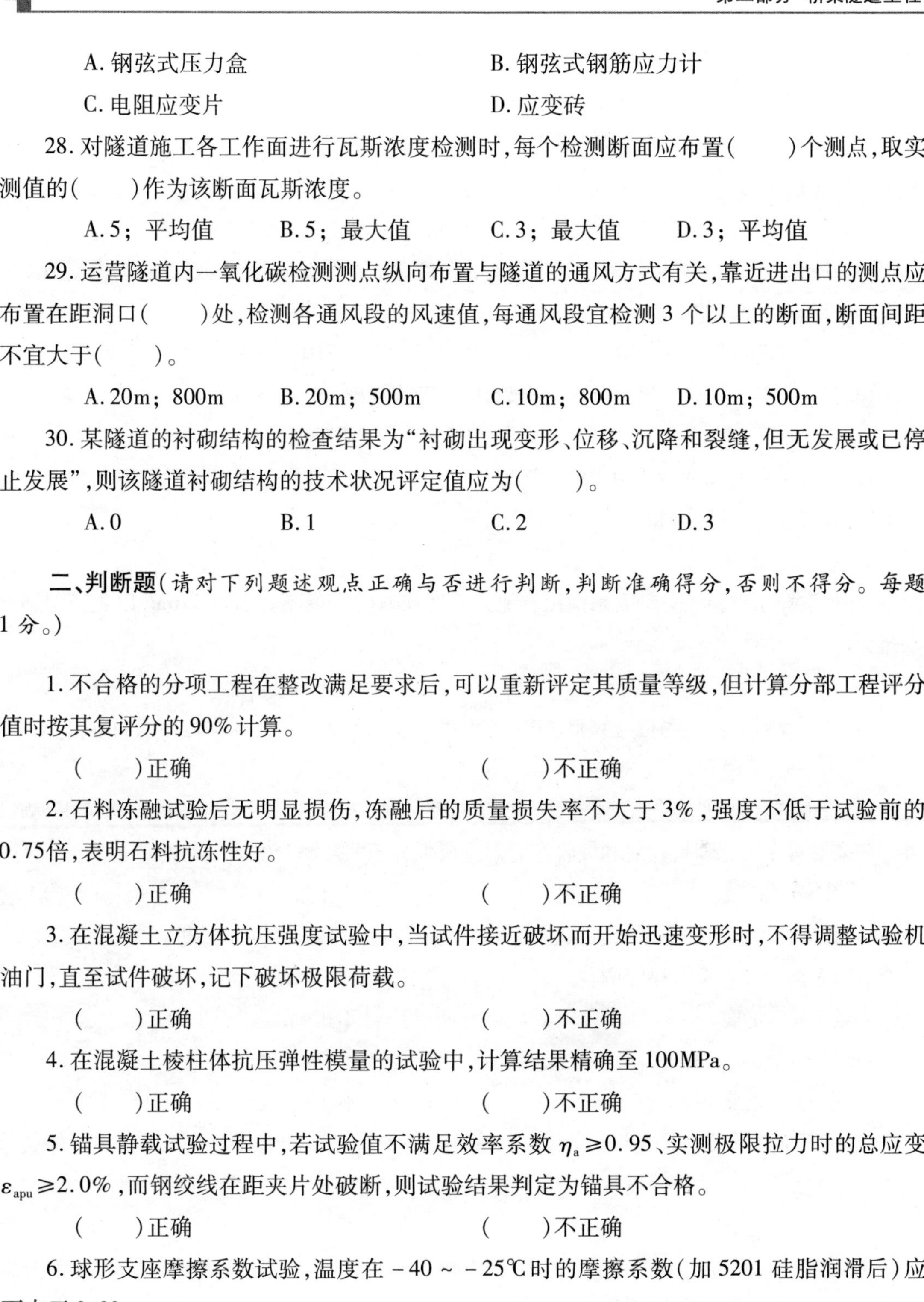

A. 钢弦式压力盒　　B. 钢弦式钢筋应力计

C. 电阻应变片　　D. 应变砖

28. 对隧道施工各工作面进行瓦斯浓度检测时，每个检测断面应布置(　　)个测点，取实测值的(　　)作为该断面瓦斯浓度。

A. 5；平均值　　B. 5；最大值　　C. 3；最大值　　D. 3；平均值

29. 运营隧道内一氧化碳检测测点纵向布置与隧道的通风方式有关，靠近进出口的测点应布置在距洞口(　　)处，检测各通风段的风速值，每通风段宜检测 3 个以上的断面，断面间距不宜大于(　　)。

A. 20m；800m　　B. 20m；500m　　C. 10m；800m　　D. 10m；500m

30. 某隧道的衬砌结构的检查结果为“衬砌出现变形、位移、沉降和裂缝，但无发展或已停止发展”，则该隧道衬砌结构的技术状况评定值应为(　　)。

A. 0　　B. 1　　C. 2　　D. 3

二、判断题(请对下列题述观点正确与否进行判断，判断准确得分，否则不得分。每题 1 分。)

1. 不合格的分项工程在整改满足要求后，可以重新评定其质量等级，但计算分部工程评分值时按其复评分的 90% 计算。

(　　)正确　　(　　)不正确

2. 石料冻融试验后无明显损伤，冻融后的质量损失率不大于 3%，强度不低于试验前的 0.75倍，表明石料抗冻性好。

(　　)正确　　(　　)不正确

3. 在混凝土立方体抗压强度试验中，当试件接近破坏而开始迅速变形时，不得调整试验机油门，直至试件破坏，记下破坏极限荷载。

(　　)正确　　(　　)不正确

4. 在混凝土棱柱体抗压弹性模量的试验中，计算结果精确至 100MPa。

(　　)正确　　(　　)不正确

5. 锚具静载试验过程中，若试验值不满足效率系数 $\eta_a \geq 0.95$、实测极限拉力时的总应变 $\varepsilon_{apu} \geq 2.0\%$，而钢绞线在距夹片处破断，则试验结果判定为锚具不合格。

(　　)正确　　(　　)不正确

6. 球形支座摩擦系数试验，温度在 -40 ~ -25℃时的摩擦系数(加 5201 硅脂润滑后)应不大于 0.03。

(　　)正确　　(　　)不正确

7. 采用回弹法测试混凝土强度，回弹值测量完毕后，应在有代表性的测区测量碳化深度，测点数不应少于构件测区数的20%。

(　　)正确　　　　　　　　　　　　(　　)不正确

8. 一般来说,对同一混凝土构件,浇筑表面的回弹值比浇筑侧面的回弹值小,因此需对回弹值进行浇筑面修正。

(　　)正确　　　　　　　　　　　　(　　)不正确

9. 采用超声平测法测定混凝土结构浅裂缝深度,如发现某测距处首波反相,则根据该测距计算的结果即为裂缝的深度值。

(　　)正确　　　　　　　　　　　　(　　)不正确

10. 在进行高强螺栓连接副预拉力检验时,每套连接副应进行3次试验。

(　　)正确　　　　　　　　　　　　(　　)不正确

11. 浅层平板荷载试验适用于确定深度小于3m的浅部地基土层在承压板下压力主要影响范围内地基土的承载力和变形模量。

(　　)正确　　　　　　　　　　　　(　　)不正确

12. 重型和超重型圆锥动力触探试验地面上触探杆的高度不宜超过2.0m,以免倾斜和摆动过大。

(　　)正确　　　　　　　　　　　　(　　)不正确

13. 采用反射波法检测桩身完整性时,可采用压电式加速度传感器进行振动测量。

(　　)正确　　　　　　　　　　　　(　　)不正确

14. 超声透射波法检测混凝土灌注桩桩身完整性时,若要判断异常部位的纵向范围,测试方式应采用对测法,此时,发射和接收换能器应分别置于两声测管的同一高度。

(　　)正确　　　　　　　　　　　　(　　)不正确

15. 在进行单桩竖向承载能力试验时,对于直径或边宽大于500mm的桩,应在桩径的两个正交方向对称安装4个位移计测量。

(　　)正确　　　　　　　　　　　　(　　)不正确

16. 对某混凝土梁桥进行技术状况评定,一片梁划归为一个部件。

(　　)正确　　　　　　　　　　　　(　　)不正确

17. 桥梁部件的技术状况评分,由各构件评分的平均值和最低值计算得到,与构件数量无关。

(　　)正确　　　　　　　　　　　　(　　)不正确

18. 当单个桥梁存在不同的结构形式时,应将不同的结构形式划分为多个评定单元,分别对各评定单元进行技术状况等级评定。

(　　)正确　　　　　　　　　　　　(　　)不正确

19. 桥梁静载试验施加的试验荷载形式必须与设计规范的荷载形式相同。

( )正确 ( )不正确

20. 对简支梁桥进行静载试验,荷载作用下跨中截面的允许挠度增量不得超过计算跨径的1/600,同时挠度校验系数取值应满足相关试验规程要求。

( )正确 ( )不正确

21. 拟对某 3×30m 连续梁桥进行荷载试验检测,设计汽车荷载等级为公路—Ⅰ级,计算中跨跨中截面的正弯矩设计控制值时,车道荷载的集中荷载应作用于中跨跨中截面,均布荷载应全桥满布。

( )正确 ( )不正确

22. 对钢结构桥梁进行承载能力检测评定,其检算系数 Z_1 根据结构或构件的缺损状况确定。

( )正确 ( )不正确

23. 对某在用普通钢筋混凝土空心板桥进行荷载试验检测,荷载作用下空心板下缘出现0.24mm 宽的横向裂缝,可直接判定该桥承载力不满足要求。

( )正确 ( )不正确

24. 隧道激光断面仪是检测开挖质量的常用设备,它是利用激光射线在开挖面上定出基点,并通过该基点测量开挖轮廓线的方法。

( )正确 ( )不正确

25. 隧道的衬砌混凝土应采用泵送混凝土入模,并在混凝土初凝前浇筑完毕,混凝土的入模温度应控制在 5~32℃范围内。

( )正确 ( )不正确

26. 隧道防水混凝土抗渗等级分为设计抗渗等级、试验抗渗等级、检验抗渗等级,检验抗渗等级不得低于试验抗渗等级。

( )正确 ( )不正确

27. 超前锚杆进行隧道围岩稳定的作用原理与超前小导管相同,其对围岩稳定作用的能力弱于超前小导管。

( )正确 ( )不正确

28. 隧道拱顶下沉应优先选用全站仪进行观测,当在变形较大的软弱围岩条件下,量测仪器精度对量测结果影响较小时,也可采用精密水准仪进行观测。

( )正确 ( )不正确

29. 对于正在施工的隧道,其开挖面瓦斯浓度大于 1.5% 时,所有人员必须撤至安全地点。

( )正确 ( )不正确

30. 隧道紧急停车带的照明光源宜采用显色指数低的光源,其亮度不应低于 6.0cd/m²。

( )正确 ( )不正确

三、多项选择题(在下列各题的备选答案中,有两个或两个以上的备选项符合题意,请填写符合题意的备选项,选项部分正确按比例得分,出现错误选项该题不得分,完全正确的得满分。每题2分。)

1. 工程检验时,只有在满足基本要求后,才能进行分项工程的质量评分,其检验评定项目包括(　　)等几个部分。

A. 实测项目　　B. 桥梁设计文件

C. 质量保证资料完整性　　D. 外观缺陷检查

2. 钢绞线的产品标记包括(　　)。

A. 结构代号　　B. 公称直径　　C. 强度级别　　D. 标准长度

E. 标准号

3. 锚具的静载锚固性能应满足(　　)的力学性能要求。

A. $\eta_a \geq 0.95$　　B. $\eta_a \geq 0.92$　　C. $\varepsilon_{apu} \geq 2.0\%$　　D. $\varepsilon_{apu} \geq 2.5\%$

4. 土工布物理特性检测项目有(　　)。

A. 厚度　　B. 单位面积质量

C. 抗拉强度　　D. 延伸率

5. 关于采用超声回弹综合法检测混凝土强度,下列表述正确的有(　　)。

A. 为保证测试质量,应先完成超声测试再进行回弹测试

B. 按单个构件检测时,每个构件上测区数量不应少于5个

C. 每个测区内应布置3个超声测点

D. 超声测试宜优先采用对测或角测,当不具备条件时可采用单面平测

6. 采用超声平测法测定混凝土结构的浅裂缝深度,下列操作和评判中,正确的有(　　)。

A. 裂缝区域混凝土内部有钢筋时,两换能器的连线应尽量避免与钢筋轴线平行

B. 用钢卷尺量取两换能器的中心距作为测距

C. 当实测超声信号无法发现首波反相时,测试数据无效

D. 跨缝测量中,当在某测距发现首波反相时,则将该测距及两个相邻测距的裂缝深度计算值取平均,作为该裂缝的深度值

7. 桥梁工程中,地基平板荷载试验是用于确定地基承压板下压力主要影响范围内土层承载力和变形模量的原位测试方法,其方法包括(　　)。

A. 浅层平板荷载试验　　B. 中层平板荷载试验

C. 小位移平板荷载试验　　D. 深层平板荷载试验

8. 桥梁工程桩基础施工过程中,可同时检测孔径和垂直度的方法有(　　)。

A. 钢筋笼检测法　　B. 伞形孔径仪检测法

C. 声波检测法　　　　　　　　D. 灌浆检测法

9. 采用超声透射波法检测混凝土灌注桩桩身完整性时，其测试系统一般由(　　)等组成。

A. 超声仪　　　　　　　　B. 收发换能器

C. 位移测量系统　　　　　　D. 传输电缆

10. 关于高应变动力试桩法锤击设备的要求，下列表述正确的有(　　)。

A. 锤击用的重锤锤底应平整，高径比不得小于 0.5

B. 锤击用的重锤锤底应平整，高径比不得小于 1.0

C. 桩锤的重力不得小于预估单桩极限承载力的 1.0%

D. 桩锤的重力不得小于预估单桩极限承载力的 1.2%

11. 在进行桥梁技术状况评定时，桥梁部件划分为(　　)。

A. 承重部件　　B. 主要部件　　C. 一般部件　　D. 次要部件

12. 规范规定，在用桥梁有下列(　　)情况之一时，应进行特殊检查。

A. 拟通过加固手段提高荷载等级的桥梁

B. 遭受重大自然灾害或意外事件的桥梁

C. 日交通流量超过 5 万台车辆的桥梁

D. 技术状况等级为 4、5 类的桥梁

13. 对某一孔 30m 钢筋混凝土无铰拱桥实施静载试验，主要试验工况包括(　　)。

A. 拱脚截面最大剪力　　　　B. 拱脚截面最大负弯矩工况

C. 拱顶截面最大负弯矩工况　　D. 拱顶截面最大正弯矩工况

14. 桥梁动载试验采集得到振动信号后，可采用下列(　　)分析方法得到结构自振频率。

A. 半功率带宽法　　B. 波形分析法　　C. 频谱分析法　　D. 模态分析法

15. 对在用桥梁按承载力能力极限状态进行检算评定，检算内容应包括(　　)。

A. 强度　　B. 刚度　　C. 抗裂性　　D. 稳定性

16. 公路隧道可以按照以下(　　)等方式进行分类。

A. 按照隧道所处的位置　　　　B. 按照隧道修建方式

C. 按照隧道的开挖掘进方式　　D. 按照隧道布置方式

17. 根据岩层及地质条件不同选择不同的辅助工程围岩稳定措施，超前锚杆的适用条件为(　　)。

A. 无地下水的软弱地层

B. 薄层水平层状岩层

C. 围岩自稳定能力弱开挖后拱部易出现塌方的地段

D. 开挖数小时内拱顶围岩可能剥落或局部坍塌的地段

18. 隧道监控量测中获取的位移数据通过分析处理,可用于围岩稳定和支护效果的判断,判断所依据的资料、数据包括(　　)。

A. 位移速率　　B. 位移柱状图　　C. 位移频谱图　　D. 位移时态曲线

19. 对施工隧道进行一氧化碳浓度检测,主要有(　　)等分析方法。

A. 电化学法　　B. 电气法(热导式和半导式)

C. 色谱法(层析法)　　D. 光学吸收法

20. 在公路隧道技术状况评价中,下列选项中可直接将隧道土建结构技术状况评定为 5 类的有(　　)。

A. 隧道洞口处山体、挡土墙、护坡等产生严重开裂,发生明显的永久变形

B. 隧道洞门结构大范围开裂、砌体断裂、脱落现象严重、可能危及行车道内的通行安全

C. 隧道拱部出现大范围开裂、结构性裂缝深度贯穿衬砌混凝土

D. 隧道衬砌拱部背面存在较大的空洞,且衬砌结构侵入建筑界限

四、综合题(按所给问题的背景资料,正确分析并回答问题。每大题有 5 小题,每小题有四个备选项,请从中选出一个或一个以上正确答案,选项全部正确得分,出现漏选或错误选项均不得分。每小题 2 分。)

1. 对某混凝土结构物进行质量检测,经初步检查和调查发现存在以下病害:混凝土内部有不密实区及空洞、混凝土表面有 2 条裂缝,其中 1 条预估深度为 600mm,另 1 条预估深度为 200mm。为得到翔实的病害数据,采用超声法进行无损检测,请回答以下问题。

(1)采用径向振动式换能器测量前,需采用“时-距”法测量声时初读数。两换能器置于清水中,当测距为 300mm 时读取声时 $t_1=3.2\mu s$,测距为 100mm 时读取声时 $t_2=1.2\mu s$,则声时初读数 $t_0=$(　　)。

A. 1.2μs　　B. 2.0μs　　C. 0.2μs　　D. 0.1μs

(2)采用超声法检测混凝土内部不密实区及空洞,下列表述中正确的有(　　)。

A. 可以使用平面测试法、角测法或钻孔法

B. 除采用超声法外,还可采用磁粉检测法检测混凝土内部缺陷

C. 如采用超声法钻孔测试,可以使用厚度振动式换能器

D. 如采用超声法平面测试,只能使用厚度振动式换能器

(3)采用超声法检测,当出现下列(　　)情况时,可作为混凝土内部存在缺陷的判据。

A. 声速降低　　B. 接收首波能量衰减

C. 接收频率降低　　D. 接收波形畸变

(4)对预估深度为 200mm 的混凝土表面裂缝的深度进行了检测,先在完好混凝土区域测

试超声波的声速为4000m/s,之后将两换能器分别置于以裂缝为对称轴的两侧,当换能器间的水平间距为200mm时,扣除零声时后的声时值为80μs,则在此测距计算的裂缝深度约为(　　)。

A. 100mm　　B. 125mm　　C. 150mm　　D. 200mm

(5)为检测题述中预估深度为600mm的混凝土表面裂缝的深度,下列表述正确的有(　　)。

A. 应采用单平面平测法

B. 裂缝中不能有积水和泥浆

C. 应采用钻孔对测法

D. 当有钢筋穿过裂缝并与两换能器的连线平行时,两换能器的连线应与该钢筋相距50cm以上

2. 对某1孔25m的预应力混凝土简支梁桥进行动载试验,试完成以下相关试验准备、现场操作和分析等工作。

(1)以下哪些设备适用于动挠度的测试(　　)。

A. 精密水准仪　　B. 电测位移计

C. 光电挠度仪　　D. 连通管

(2)按照试验方案,在跨中截面需布设3个动应变测点,以下操作正确的有(　　)。

A. 可在测试部位粘贴3个单轴应变片并采用公共温度补偿,以半桥方式接入动态采集仪

B. 可在测试部位粘贴3个单轴应变片并分别进行温度补偿,以半桥方式接入动态采集仪

C. 可用千分表进行测试

D. 可采用工具式应变计,以全桥方式接入动态采集仪

(3)对以下(　　)实测信号进行分析处理后,可评价该桥的车辆冲击效应。

A. 模态信号　　B. 动挠度　　C. 动应变　　D. 脉动信号

(4)该桥一阶自振频率的实测值约为2.0Hz,如要求频率分辨率不大于实测值的1%,则以下数据采集、分析参数设置正确的有(　　)。

A. 分析频率范围为0~78Hz,谱线数设为6400

B. 分析频率范围为0~20Hz,谱线数设为1600

C. 分析频率范围为0~78Hz,谱线数设为1600

D. 分析频率范围为0~20Hz,谱线数设为800

(5)跳车工况跨中截面的实测一阶竖向振动时域信号如下图所示(横坐标X为时间,单位

为 s;竖坐标 Y 为加速度,单位为 m/s^2),则对该桥的一阶自振特性分析结果正确的有(　　)。

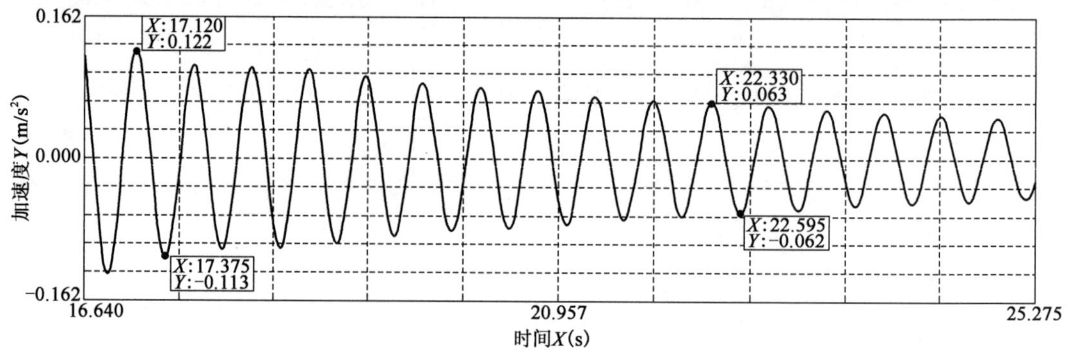

A. 一阶自振频率为 1.919Hz　　B. 一阶振型的阻尼比为 0.091

C. 一阶自振频率为 2.111Hz　　D. 一阶振型的阻尼比为 0.010

3. 对某钢筋混凝土简支 T 梁桥进行承载能力检算评定,该桥计算跨径为 20.0m,桥面横向布置为:0.25m(栏杆)+9.00m(车行道)+0.25m(栏杆)=9.5m,无人行道,设计荷载等级为公路—Ⅱ级。根据前期检测结果得到的跨中截面正弯矩计算结果和各分项检算系数见下表。

跨中截面正弯矩计算结果及分项检算系数取值表

计算内容	设计抗力效应 R		修正后的实际荷载效应 $\xi_q\gamma_0 S$
跨中截面弯矩(kN·m)	4900.0		4710.0
各分项系数取值			
承载力检算系数评定标度 D	3.70	承载力检算系数 Z_1	0.93
承载能力恶化系数 ξ_e	0.05	混凝土截面折减系数 ξ_c	1.00
钢筋截面折减系数 ξ_s	1.00	活载影响修正系数 ξ_q	1.12

(1)以下关于承载力检算的表述中,错误的是(　　)。

A. 混凝土的物理与化学损伤对结构的不利影响体现在混凝土截面折减系数 ξ_c 中

B. 承载能力恶化系数 ξ_e 考虑了混凝土表面风化、剥落等对结构承载力的不利影响

C. 该桥的设计抗力效应大于实际荷载效应,可评定承载能力满足要求

D. 承载能力恶化系数 ξ_e、混凝土截面折减系数 ξ_c 均考虑了混凝土碳化的影响

(2)依据规范的相关规定,以下关于承载力检算的表述,正确的是(　　)。

A. 该桥的承载力检算系数评定标度 $D<4$,可不作正常使用极限状态评定计算

B. 该桥的承载力检算系数评定标度 $D\geqslant3$,应进行正常使用极限状态评定计算

C. 该桥的承载力检算系数评定标度 $D\geqslant3$,可判定该桥承载能力不满足要求

D. 该桥的正常使用极限状态评定计算应包括限制应力、结构变形和裂缝宽度

(3)根据表中数据,跨中截面正弯矩实际抗力效应 R 的计算结果应为(　　)。

A. 4848.6kN·m　　B. 5103.8kN·m

C. 4329.2kN·m　　　　D. 843.0kN·m

(4)跨中截面正弯矩实际荷载效应与实际抗力效应的比值为(　　)。

A. 0.97　　B. 1.09　　C. 0.92　　D. 1.04

(5)根据现阶段检算结果,以下结论中错误的是(　　)。

A. 跨中正弯矩实际荷载效应小于实际抗力效应,承载能力满足要求

B. 跨中正弯矩实际荷载效应大于实际抗力效应,承载能力不满足要求

C. 跨中正弯矩实际荷载效应与实际抗力效应的比值在 1.0 ~ 1.2 之间,承载能力不明确

D. 跨中正弯矩实际荷载效应与实际抗力效应的比值小于 1.05,承载能力满足要求

4. 锚杆支护是隧道初期支护的重要形式,它是预先在围岩钻好的锚孔内插入一定长度的锚杆体,并采用机械或锚固剂的方法将锚杆体与围岩锚固在一起,形成锚杆支护结构。请回答以下问题。

(1)锚杆支护前需对锚杆杆体长度进行检查,锚杆杆体长度须大于或等于设计长度的(　　)。

A. 90%　　B. 95%　　C. 100%　　D. 105%

(2)锚杆安装质量检查内容主要包括(　　)。

A. 锚杆孔位、孔深　　B. 锚杆延展性

C. 锚杆抗拔力　　D. 锚杆锚固密实度

(3)关于锚杆抗拔力检测和合格判定的相关表述,正确的有(　　)。

A. 检测数量为锚杆数的 1% 且每次不少于 3 根

B. 同组锚杆抗拔力的平均值应不小于设计值

C. 单根锚杆的抗拔力不得低于设计值的 90%

D. 单根锚杆的抗拔力不得低于设计值的 95%

(4)下列关于锚杆抗拔力测试方法的相关表述,正确的有(　　)。

A. 锚杆外露长度不够时,需对受检锚杆做加长处理,可采用连接套筒接长,连接抗拉强度应能承受 95% 杆体极限抗拉力

B. 测试前应用砂浆将试验锚杆口部抹平,或用楔形调节块调整,使千斤顶作用方向与锚杆方向一致

C. 锚杆抗拔力试验时,如无特殊需要,可不做破坏性试验,拉拔到设计拉力即停止加载

D. 锚杆抗拔力测试不应少于同类型锚杆总数的 5%,并不得少于 3 根

(5)锚杆密实度检测应在锚杆锚固(　　)以后进行。

A. 3d　　B. 7d　　C. 14d　　D. 28d

5. 关于采用地质雷达法进行隧道超前地质预报,请回答以下问题。

(1)关于地质雷达法超前地质预报的相关特性描述,正确的有(　　)。

A. 利用电磁波传播及反射特性,依据传播速度和反射走时及波形特征进行超前地质预报

B. 属于物探法的一种类型

C. 具有快速、无损、连续检测、实时显示等特点

D. 可进行超长距离探测预报

(2)地质雷达法适用下列(　　)等的探测和超前预报。

A. 浅部地层　　B. 煤层瓦斯　　C. 空洞　　D. 前方有无水体

(3)地质雷达的设备组成包括(　　)。

A. 发射单元和接收单元　　B. 工作天线

C. 超声换能器　　D. 主控器

(4)关于地质雷达法的预报距离的相关描述,正确的有(　　)。

A. 预报距离不宜超过 30m,重叠距离不应小于 5m

B. 预报距离不宜超过 80m,重叠距离不应小于 10m

C. 工作天线的频率相对较高,探测距离越远

D. 工作天线的频率相对越低,探测距离越远

(5)对于下列哪些不良地质体,可采用以地质调查法为基础,以地质雷达法探测为主的综合方法进行超前地质预报(　　)。

A. 煤层瓦斯　　B. 浅部断层

C. 地下水和导水结构　　D. 岩溶

模拟试题三

说明:1. 本模拟试题设置单选题 30 道、判断题 30 道、多选题 20 道、综合题 5 道(含 25 道小题),总计 150 分;模拟自测时间为 150 分钟。

2. 本模拟试题仅供考生进行考前自测使用。

一、单项选择题(下列各题中,只有一个备选项最符合题意,请填写最符合题意的一个备选项,选错或不选不得分。每题 1 分。)

1. 工程质量等级评定分为(　　)。

A. 合格与不合格　　B. 合格、中、良、优

C. 合格、中、优良　　D. 不合格、合格、优良

2. 某预应力混凝土构件中,预应力钢筋初始应力为 317MPa,一段时间后测得钢筋的应力为 308MPa,则该预应力混凝土构件的应力松弛率为(　　)。

A. 2.83%　　B. 2.92%　　C. 97.16%　　D. 102.92%

3. 预应力夹具的静载锚固性能试验效率系数应满足(　　)。

A. $\eta_g \geq 1.0$　　B. $\eta_g \geq 0.95$　　C. $\eta_g \geq 0.92$　　D. $\eta_g \geq 0.9$

4. 下列关于盆式橡胶支座竖向承载力试验的合格判定及计算方法的相关表述,错误的是(　　)。

A. 在竖向设计承载力作用下,支座压缩变形不超过支座总高度的 2%

B. 在竖向设计承载力作用下,盆环上口径向变形不超过盆环外径的 0.5%

C. 卸载后支座残余变形不超过设计荷载下相应变形的 5%

D. 正式加载试验分 3 次进行,3 次测试结果的平均值为该支座试样的测试结果

5. 用梯形法测定无纺土工织物的经向撕裂强度时,剪取试样长边应与织物经向平行,应使切缝与经向(　　)。

A. 平行　　B. 垂直　　C. 成 30°角　　D. 成 45°角

6. 以下哪种构件适用于采用回弹测强并根据全国统一测强曲线计算混凝土的抗压强度(　　)。

A. 龄期无限制、抗压强度为 10 ~ 50MPa 的混凝土构件

B. 龄期 7 ~ 2000d、抗压强度为 10 ~ 70MPa 的混凝土构件

C. 龄期 14 ~ 1000d、抗压强度为 10 ~ 60MPa 的混凝土构件

D. 龄期7～1000d、抗压强度为10～60MPa的混凝土构件

7. 采用钻芯法检测混凝土抗压强度,标准芯样和小直径芯样试件的公称直径分别不应小于集料最大粒径的(　　)。

A. 2倍和3倍　　B. 3倍和2倍

C. 5倍和3倍　　D. 3倍和5倍

8. 下列关于混凝土电阻率测试的表述,正确的是(　　)。

A. 混凝土电阻率越大,对结构耐久性越不利

B. 混凝土表面湿度不影响电阻率的测试结果

C. 混凝土表面碳化不影响电阻率的测试结果

D. 混凝土电阻率的评定标度按该测区内电阻率的最小值来确定

9. 采用超声法检测混凝土结构内部缺陷,是否存在缺陷的判据不包括(　　)。

A. 接收波幅降低　　B. 声时增加

C. 零声时异常　　D. 接收波形畸变

10. 钢结构焊缝内部缺陷的无损检测方法不包括(　　)。

A. 超声波法　　B. 磁粉检测法　　C. 射线法　　D. 电阻率法

11. 进行深层平板荷载试验时,如承压板采用300mm厚的现浇混凝土板,则紧靠承压板周围外侧的土层高度不应小于(　　)。

A. 0.5m　　B. 0.6m　　C. 0.8m　　D. 1.0m

12. 声波透射法检测桩身完整性的结果为"某一声测剖面连续多个测点或某一深度桩截面处的声速、波幅值明显小于临界值,PSD值突变,波形严重畸变"。则判定该桩为(　　)。

A. Ⅰ类桩　　B. Ⅱ类桩　　C. Ⅲ类桩　　D. Ⅳ类桩

13. 对某桥梁进行技术状况评定,上部结构和下部结构技术状况等级评定为3类,桥面系技术状况等级评定为4类,桥梁总体技术状况评分为49.5,则该桥的总体技术状况等级应评为(　　)。

A. 2类　　B. 3类　　C. 4类　　D. 5类

14. 某桥上部结构技术状况评分为73.0,下部结构评分为84.0分,桥面系评分67.0分,则桥梁总体技术状况评分为(　　)。

A. 67.0　　B. 82.0　　C. 74.3　　D. 75.8

15. 当桥梁总体技术状况等级达到(　　)时,应采取大修或改造措施。

A. 2类　　B. 3类　　C. 4类　　D. 5类

16. 采用分辨力为0.001mm的千分表,标距为100mm的装置测试混凝土的表面应变,则该装置的应变测量分辨力为(　　)。

A. 1×10^{-6}　　B. 2×10^{-6}　　C. 5×10^{-6}　　D. 10×10^{-6}

17. 对某在用桥梁进行静载试验，荷载效率的取值范围应为（　　）。

A. 0.85 ~ 1.00　　B. 0.85 ~ 1.05　　C. 0.90 ~ 1.00　　D. 0.95 ~ 1.05

18. 某桥梁的设计荷载为公路—Ⅰ级、人群荷载为 3.5kN/m^2，经计算公路—Ⅰ级汽车荷载对跨中截面的弯矩为 2250.0kN · m（不考虑冲击），人群荷载对跨中截面的弯矩为 430.0kN · m，冲击系数取值 0.15。则该桥跨中截面的设计活载控制弯矩为（　　）。

A. 2680.0kN · m　　B. 3082.0kN · m

C. 3017.5kN · m　　D. 2587.5kN · m

19. 某应变测点的调零初值为 3με，试验控制荷载作用下的实测应变为 103με，卸载后应变为 7με，则该测点的相对残余应变为（　　）。

A. 4.0%　　B. 6.8%　　C. 3.9%　　D. 2.9%

20. 已知某桥梁的前 3 阶竖向自振频率介于 3.5 ~ 10Hz 之间，现场采用频域分析法测定前 3 阶自振频率，以下哪种采样频率的设置是正确的（　　）。

A. 7Hz　　B. 10Hz　　C. 15Hz　　D. 30Hz

21. 对在用桥梁承载能力进行检算评定，对于交通繁忙或重载车辆较多的桥梁，可根据实际运营荷载状况，通过活载影响修正系数 ξ_q 对（　　）进行修正计算。

A. 结构的刚度　　B. 结构的稳定性

C. 设计汽车荷载效应　　D. 结构抗力效应

22. 符合以下哪项条件时，可判定桥梁承载能力满足要求（　　）。

A. 根据荷载试验前的检算结果，荷载效应与抗力效应的比值小于 1

B. 桥梁技术状况评定为一类桥

C. 通过荷载试验确定检算系数 Z_2，重新检算荷载效应与抗力效应的比值小于 1.1

D. 荷载试验主要应变测点的相对残余未超过 20%

23. 下列选项中，不属于公路隧道结构中主体结构的是（　　）。

A. 初期支护　　B. 衬砌　　C. 洞门　　D. 排水导坑

24. 采用钻爆法开挖隧道，硬岩的炮眼痕迹保存率不得低于（　　）。

A. 90%　　B. 80%　　C. 70%　　D. 60%

25. 隧道施工的喷射混凝土应由两侧拱脚向上对称喷射，并将钢架覆盖，临空一侧的喷射混凝土保护层厚度不应小于（　　）。

A. 10mm　　B. 20mm　　C. 40mm　　D. 50mm

26. 采用地质雷达探测隧道混凝土衬砌施工质量时，出现“反射信号强，图像呈连续的小双曲线形”的波形特征，表明混凝土内部有（　　）。

A. 不密实　　B. 空洞　　C. 钢筋　　D. 钢架、预埋管件

27. 防水混凝土抗渗等级以每组6个试件中有(　　)个未发现有渗水现象时的最大水压力来表示。

A. 2　　B. 3　　C. 4　　D. 5

28. 隧道施工中,采用超前小导管进行围岩稳定处治时,注浆孔一般呈(　　)布置。

A. 正方形　　B. 圆形　　C. 梅花形　　D. 三角形

29. 采用地质雷达法进行隧道超前地质预报,雷达的工作天线的频率应选择(　　)。

A. 4MHz　　B. 40MHz　　C. 400MHz　　D. 4GHz

30.《公路隧道施工技术规范》(JTG F60—2009)规定:瓦斯隧道装药爆破时,爆破地点20m内风流中瓦斯浓度必须小于(　　)。

A. 2.0%　　B. 1.5%　　C. 1.0%　　D. 0.75%

二、判断题(请对下列题述观点正确与否进行判断,判断准确得分,否则不得分。每题1分。)

1. 桥梁工程质量评定中,分项工程的评分值为分项工程实测得分扣除外观缺陷减分及资料不全减分后的得分值。

(　　)正确　　(　　)不正确

2. 桥梁工程中的石料强度等级是以边长为70mm×70mm×70mm立方体试件在浸水饱和状态下的抗压极限强度值表示。

(　　)正确　　(　　)不正确

3. 盆式橡胶支座盆环径向变形试验数据的计算,每次、每级径向变形应取该次、该级加载时四个径向位移传感器读数的算术平均值。

(　　)正确　　(　　)不正确

4. 土工布撕裂强度是反映土工织物抵抗垂直织物平面的法向压力的能力。

(　　)正确　　(　　)不正确

5. 依据国家标准(GB/T 14370),张拉后还需放张和拆卸的连接器力学性能要求与锚具的相同。

(　　)正确　　(　　)不正确

6. 采用半电池电位法检测钢筋锈蚀,在同一测点,用相同参考电极重复两次测得的电位差值应小于10mV,否则数据无效。

(　　)正确　　(　　)不正确

7. 采用钢筋探测仪进行混凝土构件内部钢筋保护层测试,当实测钢筋的根数、位置与设计有较大偏差时,应按抽检数量加倍的方式继续测试。

(　　)正确　　(　　)不正确

8. 采用超声法检测混凝土表面裂缝深度，当裂缝的预估深度不大于 500mm 时，可采用单平面平测法。

( ) 正确　　　　( ) 不正确

9. 在进行公路桥梁承载能力检测评定时，混凝土碳化深度平均值与实测钢筋保护层厚度平均值的比值越大，则混凝土碳化深度评定标度越小。

( ) 正确　　　　( ) 不正确

10. 混凝土中氯离子含量检测，每一测区取粉的钻孔数量不宜少于 3 个。

( ) 正确　　　　( ) 不正确

11. 桥梁扩大基础位于坚硬的岩层上时，可不必检测地基承载力。

( ) 正确　　　　( ) 不正确

12. 高应变动力试桩法的测试结果不可用于基桩桩身完整性的分析判断。

( ) 正确　　　　( ) 不正确

13. 进行桥梁技术状况等级评定时，承重构件混凝土实测强度的推定值小于设计强度，则结构混凝土强度的评定标度为 5。

( ) 正确　　　　( ) 不正确

14. 当主要部件评分达到 4 类或 5 类且影响桥梁安全时，可按桥梁主要部件最差的缺损状况评定全桥总体技术状况等级。

( ) 正确　　　　( ) 不正确

15. 某公路桥梁的总体技术状况评分为 75.0，上部承重构件评定为 4 类且病害影响安全，其余部件均评定为 3 类，则该桥应评定为 4 类桥。

( ) 正确　　　　( ) 不正确

16. 拟对某简支梁桥进行静载试验，设计荷载等级为公路—Ⅰ级，结构计算时，跨中截面的正弯矩设计控制值应采用车辆荷载进行最不利布载计算。

( ) 正确　　　　( ) 不正确

17. 桥梁静载试验中，挠度校验系数大于 1，则表明结构的刚度储备大于设计要求。

( ) 正确　　　　( ) 不正确

18. 桥梁的全预应力混凝土构件在荷载作用下，允许出现纵向裂缝，但宽度不得超过 0.20mm。

( ) 正确　　　　( ) 不正确

19. 采用振动法检测桥梁拉索的索力，拉索与桥面夹角这一因素在实测中一般不予考虑。

( ) 正确　　　　( ) 不正确

20. 普通钢筋混凝土梁桥静载试验，可将应变片布设在跨中截面下缘的混凝土表面，并根据实测应变评定结构强度。

( )正确 ( )不正确

21. 桥梁承载能力检测评定时,结构或构件的总体技术状况越差,则承载能力检算系数 Z_1 的取值越小。

( )正确 ( )不正确

22. 对某新建桥梁编制交(竣工)验收静载试验的加载方案,其中一个工况的荷载效率为 0.88,其余工况的荷载效率均大于 0.95,该加载方案是合理的。

( )正确 ( )不正确

23. 隧道开挖的断面尺寸应满足设计要求,并严格控制欠挖,拱脚、墙脚以上 1.5m 范围内严禁欠挖。

( )正确 ( )不正确

24. 在实际工程中,容易出现钢架喷射混凝土层与围岩脱离现象,形成空洞,因此实际操作中允许出现少量空洞和不密实现象。

( )正确 ( )不正确

25. 采用地质雷达进行衬砌背后回填检测,若反射信号强,信号同相轴呈绕射弧形,不连续且分散、杂乱,则表明衬砌背后回填有较大区域的空洞。

( )正确 ( )不正确

26. 隧道防水板焊缝拉伸强度不得小于防水板拉伸强度的 70%,焊缝抗剥离强度不小于 70N/cm。

( )正确 ( )不正确

27. 隧道注浆应根据使用目的选择适宜的注浆材料,以加固围岩为目的的注浆宜采用强度较高、凝固时间短的双液浆或其他化学浆液。

( )正确 ( )不正确

28. 隧道超前地质预报中,地震波反射法的有效探测距离大于地质雷达法。

( )正确 ( )不正确

29. 采用检知管法检测施工隧道内的一氧化碳浓度时,检知管可以重复使用。

( )正确 ( )不正确

30. 隧道内交通分流段、合流段的亮度不宜低于中间段亮度的 3 倍。

( )正确 ( )不正确

三、多项选择题(在下列各题的备选答案中,有两个或两个以上的备选项符合题意,请填写符合题意的备选项,选项部分正确按比例得分,出现错误选项该题不得分,完全正确的得满分。每题 2 分。)

1. 桥梁工程中,以下属于分项工程的是( )。

A. 基础及下部结构　　B. 上部结构预制与安装

C. 栏杆和人行道　　D. 桥面铺装

2. 石料的抗冻性是用来评估石料在饱和状态下经受规定次数的冻融循环后抵抗破坏的能力,采用(　　)等指标来表示。

A. 抗压强度　　B. 冻融系数　　C. 吸水率　　D. 质量损失率

3. 下列关于支座力学性能试验的合格判定等相关表述,正确的有(　　)。

A. 板式支座试验随机抽取三块支座,若有两块支座不满足要求时,则该批规格产品不合格

B. 试验用支座不可用于实际工程

C. 支座在试验加载中出现损坏,则该支座判定为不合格

D. 整体支座的试验若有一个支座两项指标不合格时,应取双倍试样对不合格项目进行复检

4. 隧道用土工布刺破强度试验的仪器设备应包含(　　)等装置和部件。

A. 试验机　　B. 环形夹具　　C. 顶破夹具　　D. 平头顶杆

5. 回弹法检测混凝土强度,关于测区选择,下列表述错误的是(　　)。

A. 相邻两测区的间距不应大于 1m

B. 对一般构件,测区数不宜少于 10 个

C. 测区离构件端部或施工缝边缘的距离不宜小于 0.5m,且不宜大于 1.0m

D. 测区的面积不宜小于 $0.04m^2$

6. 采用钻芯法检测混凝土强度,当芯样试件尺寸偏差及外观质量为以下(　　)等情形时,测试数据无效。

A. 芯样试件的实际高径比(H/d)为 1.03

B. 芯样试件某一处的实测直径与平均直径相差 1.5mm

C. 芯样试件端面与轴线的不垂直度为 1.5°

D. 芯样有 1 条宽度为 0.08mm 的横向裂缝

7. 采用低应变反射波法检测一批混凝土灌注桩的完整性,下列关于测振传感器安装以及锤击部位的表述,正确的是(　　)。

A. 当桩径不大于 1000mm 时,测振传感器的安装数量不少于 3 个

B. 当桩径大于 1000mm 时,测振传感器的安装数量不少于 4 个

C. 传感器宜安装在桩顶中心部位

D. 激振点宜在桩顶中心部位

8. 混凝土结构材质状况的各检测指标与结构耐久性和材质性能相关,下列表述正确的有(　　)。

A. 混凝土内部的钢筋锈蚀电位水平越高,则钢筋锈蚀的概率越大

B. 混凝土中氯离子含量评定标度为5,表明混凝土内部钢筋已经严重锈蚀

C. 如钢筋已经发生锈蚀,则混凝土电阻率越小,钢筋锈蚀的发展速率越快

D. 混凝土碳化会提高混凝土的表面硬度,因此碳化深度越大则钢筋越不容易发生锈蚀

9. 桥梁工程桩基础成孔质量检测,可用于桩底沉淀厚度检测的方法包括(　　)。

A. 垂球法　　B. 电阻率法　　C. 声波检测法　　D. 电容法

10. 在进行桥梁技术状况评定时,钢筋混凝土拱桥主拱圈的评定指标包括(　　)。

A. 拱脚位移　　B. 渗水

C. 侧墙变形　　D. 拱上填料沉降或开裂

11. 当桥梁出现下列(　　)情况之一时,应评定该桥的总体技术状况等级为5类桥。

A. 桥梁扩大基础冲刷深度大于设计值,冲空面积达10%以上

B. 桥梁总体技术状况评分为38.0

C. 斜拉桥拉索钢丝出现严重锈蚀、断丝

D. 拱桥拱脚错台、位移,且拱圈严重变形

12. 根据规范要求,对在用桥梁存在(　　)情况之一时,应进行荷载试验检测。

A. 技术状况评定为4、5类的桥梁

B. 需要提高荷载等级的桥梁

C. 需要通过特殊重型车辆的桥梁

D. 投入使用5年以上的桥梁

13. 桥梁静载试验过程中,当出现(　　)等情形之一时,应停止加载,待查明原因且能保证安全时,方能进行下一阶段的加载。

A. 桥梁的实测自振频率大于计算值

B. 控制测点的变形(挠度)超过规范限值

C. 试验加载过程中出现不明原因的异响

D. 试验荷载作用下,桥梁基础出现不稳定沉降变形

14. 关于桥梁振型测试的相关操作,下列做法错误的有(　　)。

A. 固定参考点应放置于桥外固定不动的部位

B. 当振型测点较多,传感器数量不足时,可分批次测试

C. 当桥跨较长,传感器导线长度不足时,可移动参考点位置

D. 以各测点位置为x、各测点的振幅峰值为y绘制成图即为结构振型图

15. 对于在用桥梁,以下(　　)的成果报告中应包括桥梁承载能力评定结论。

A. 基于技术状况检查的结构检算　　B. 桥梁定期检查

C. 桥梁荷载试验　　D. 桥梁技术状况评定

16. 公路隧道常见的质量问题和病害现象包括(　　)。

A. 衬砌开裂　　B. 渗漏水

C. 照明亮度不足　　D. 衬砌背后空洞及不密实

17. 采用钻爆法进行隧道开挖时,开挖方法包括(　　)等。

A. 全断面法　　B. 台阶法　　C. 双侧壁导坑法　　D. 破碎机法

18. 隧道施工时,模筑混凝土衬砌拆模后应立即进行养护,养护时需符合(　　)等相关规定。

A. 普通混凝土养护时间不得小于14d,掺外加剂时不得少于28d

B. 隧道内空气湿度>90%时,可不进行洒水养护

C. 明洞衬砌应采用覆盖或洒水养护

D. 寒冷地区应做好衬砌保温工作,混凝土内部温度与环境温度差不得超过20℃

19. 隧道超前地质预报用于地下水探测预报的方法有(　　)。

A. 高分辨直流电法　　B. 地震波反射法

C. 红外探测法　　D. 瞬变电磁法

20. 隧道光度检测的内容包括(　　)。

A. 照度　　B. 光强　　C. 光通量　　D. 亮度

四、综合题(按所给问题的背景资料,正确分析并回答问题。每大题有5小题,每小题有四个备选项,请从中选出一个或一个以上正确答案,选项全部正确得分,出现漏选或错误选项均不得分。每小题2分。)

1. 采用三组同条件制作和养护的标准试件进行混凝土抗弯拉强度试验,请回答下列问题。

(1)在混凝土抗弯拉试验中,用到的仪器设备包括(　　)。

A. 压力试验机或万能试验机　　B. 抗弯拉试验装置

C. 变形测量装置　　D. 液压千斤顶

(2)混凝土抗弯拉试验中,加荷时,应保持均匀、连续,若混凝土强度等级为C60,则下列加荷速度正确的有(　　)。

A. 0.3MPa/s　　B. 0.5MPa/s　　C. 0.9MPa/s　　D. 1.0MPa/s

(3)实测1号~3号试件的抗弯拉强度分别为5.80MPa、6.50MPa、6.60MPa,断裂面均发生在两个加荷点之间,则该混凝土的抗弯拉强度为(　　)。

A. 6.50MPa　　B. 6.30MPa　　C. 5.80MPa　　D. 6.55MPa

(4)若题(3)中第3号试件断面位于加荷点以外,则该混凝土的抗弯拉强度为(　　)。

A. 5.80MPa　　B. 6.50MPa　　C. 6.15MPa　　D. 试验结果无效

(5)若题(3)中试验采用的试件尺寸为100mm×100mm×400mm,则该试件的抗弯拉强度

为(　　)。

A. 5.52MPa　　B. 5.57MPa　　C. 5.36MPa　　D. 5.99MPa

2. 采用低应变反射波法对某高速公路桥梁的桩基础进行桩身完整性检测,已知被检测桩的直径为1.30m,桩长为31.5m,请回答下列问题。

(1)下列实测信号中,表示桩身完整性较好的是(　　)。

A. 

B. 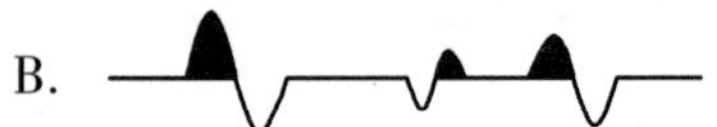

C. 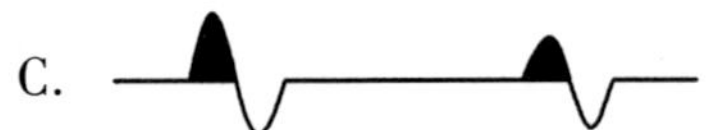

D. 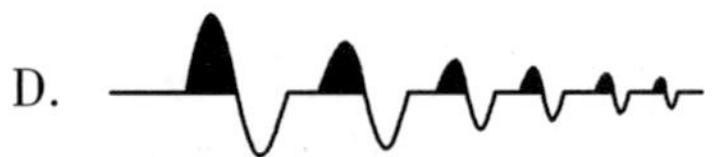

(2)若现场实测信号如下图所示,则该桩应判定为(　　)类桩。

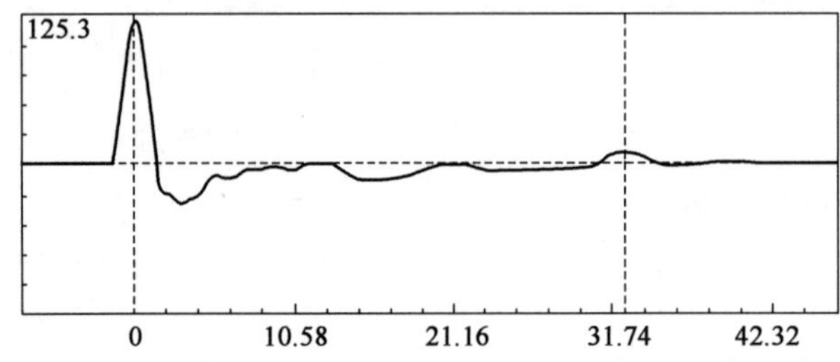

A. Ⅰ　　B. Ⅱ　　C. Ⅲ　　D. Ⅳ

(3)若要检测桩体深部的缺陷信息,应选择(　　)传感器,其效果相对较好。

A. 加速度　　B. 速度　　C. 位移　　D. 应变

(4)当采用低应变反射波法难以确定桩身缺陷时,可采用(　　)进行验证。

A. 超声回弹综合法　　B. 钻芯取样法

C. 现场开挖　　D. 静载试验法

(5)若该桩为嵌岩桩,下列选项中,对实测信号的分析判断表述正确的有(　　)。

A. 当桩底混凝土与岩体阻抗相接近时,则桩底有明显的反射信号,且与激励信号的极性相同

B. 当桩底混凝土与岩体阻抗相接近时,则桩底的反射信号不明显,甚至没有

C. 如桩底有沉渣,则有明显的同向反射信号

D. 如桩底有沉渣,则有明显的异向反射信号

3. 某圬工拱桥,位于某厂区主干道,交通繁忙且超重车辆较多,受业主委托,需对该桥梁主拱圈进行承载能力的检测评定,试回答以下相关问题。

(1)为获取承载能力检算所需的各分项检算系数,必须完成的工作包括(　　)。

A. 桥梁缺损状况检查评定　　　　B. 锈蚀状况检测

C. 实际运营荷载状况调查　　　　D. 材质状况检测

(2)对该桥进行承载能力检算,需要确认的分项检算系数除构件截面折减系数外,还应包括(　　)。

A. 承载能力检算系数　　　　B. 活载影响系数

C. 钢筋截面折减系数　　　　D. 承载能力恶化系数

(3)为确定该桥的构件截面折减系数,需检测的技术指标包括(　　)。

A. 材料的弹性模量　　　　B. 材料风化

C. 材料碳化　　　　D. 物理与化学损伤

(4)根据检测和计算结果,该桥的承载能力检算系数评定标度 $D=2.3$,计入各分项检算系数修正后,拱顶截面正弯矩的实际抗力效应为5500kN·m,实际荷载作用效应为6000kN·m,则现阶段可得出以下哪些推论(　　)。

A. 拱顶截面正弯矩实际荷载效应大于实际抗力效应,承载能力满足要求

B. 拱顶截面正弯矩实际荷载效应大于实际抗力效应,承载能力不满足要求

C. 拱顶截面正弯矩的实际荷载效应与实际抗力效应的比值在1.0~1.2之间,承载能力不明确

D. 该桥的检算系数评定标度 $D<3$,按规范可不进行正常使用极限状态检算评定

(5)已知题(4)的检算中系数 $Z_1=1.10$,若对该桥实施荷载试验获取系数 $Z_2=1.16$,结合题(4)的检算结果,可得出以下哪些推论(　　)。

A. 拱顶截面正弯矩实际荷载效应与抗力效应之比为1.15

B. 拱顶截面正弯矩实际荷载效应与抗力效应之比为1.03

C. 拱顶截面正弯矩承载能力满足要求

D. 拱顶截面正弯矩承载能力不满足要求

4. 某双车道公路隧道采用全断面法开挖掘进,对该隧道进行施工监控量测,请回答以下问题。

(1)下列属于监控量测的必测项目的是(　　)。

A. 地表下沉　　B. 拱顶下沉　　C. 周边收敛　　D. 衬砌内部应力

(2)关于隧道周边收敛的量测,表述正确的有(　　)。

A. 测试断面位置与拱顶下沉相同

B. 每断面布置两对测点,分别位于拱腰和边墙上

C. 优先选择全站仪进行测量

D. 测点埋设后1~15d内,每天应观测1~2次

(3)关于洞内围岩内部位移量测,表述正确的有(　　)。

A. 该项目属于必测项目

B. 每断面布置 3 ~5 测孔,每测孔可布置 5 个位移测点

C. 选用杆式多点位移计进行量测

D. 测试结果可反映围岩松弛区的大概范围

(4)根据测试对象的不同,钢弦式传感器有多种类型,在隧道监控量测中,此类传感器可用于以下(　　)项目的测量。

A. 锚杆轴力　　　　B. 钢架应力

C. 围岩接触压力　　　　D. 衬砌内部应力

(5)对监控量测数据进行必要处理和回归分析后,可对隧道的围岩稳定性和支护效果进行判断。在分析判断时,以下表述正确的有(　　)。

A. 通常采用理论计算法进行信息反馈

B. 以位移量测结果作为主要判断依据

C. 当位移速率小于 5mm/d 时,可判断围岩已基本稳定

D. 当位移速率很快变小,位移时态曲线很快平缓,表明围岩稳定性好

5. 对某养护等级为一级的公路隧道进行定期检查,请回答以下问题。

(1)关于该隧道定期检查的实施时机,表述正确的有(　　)。

A. 每年检查 1 次,最长不得超过 5 年检查 1 次

B. 每年检查 1 次,最长不得超过 3 年检查 1 次

C. 经常性检查中某分项技术状况评定值为 3 或 4 时,应立即开展 1 次定期检查

D. 新建隧道,首次定期检查应在该隧道交付使用 1 年后进行

(2)关于土建结构技术状况评定方法的相关表述,正确的有(　　)。

A. 评定分项包括洞门、洞口、衬砌结构等 9 部分

B. 评定分项不包含交通标志、标线

C. 在各检查分项中,衬砌结构的权重最大

D. 在各检查分项中,洞门的权重最大

(3)关于土建结构检查的内容和仪器应用,表述正确的有(　　)。

A. 衬砌结构的检查仪器主要有地质雷达、裂缝测宽仪等

B. 衬砌结构检查的主要内容包括结构破损和渗漏水等

C. 隧道渗漏水检查分为简易检测和水质检测两类

D. 隧道净空断面变形通常采用激光断面仪进行检测

(4)当出现下列(　　)情形之一时,该隧道土建结构技术状况应评为 4 类。

A. 土建结构技术状况评定分值为 45 分

B. 土建结构技术状况评定分值为 60 分

C. 衬砌结构的技术状况值为 3 类

D. 洞门的技术状况值为 4 类

(5)若当出现下列(　　)情形之一时,该隧道土建技术状况应评定为 5 类。

A. 吊顶破损、开裂、滴水,吊杆预埋件锈蚀

B. 洞顶各种预埋件和悬吊件严重锈蚀或断裂

C. 隧道路面发生严重隆起、错台、断裂,严重影响行车安全

D. 隧道洞口边仰坡不稳定,出现严重的边坡滑动、落石现象

参考答案及解析

模拟试题一

一、单项选择题

1.【答案】B

【解析】工程质量检验评分是以分项工程为基本单元,采用100分制进行评分。

2.【答案】C

【解析】石料单轴抗压强度中的压力试验机(或万能试验机)要求其测量精度为±1%,试验破坏荷载大于压力试验机全程的20%且小于压力试验机全程的80%。

3.【答案】B

4.【答案】B

【解析】混凝土成型方法根据混凝土拌和物的稠度进行确定:对于坍落度小于25mm的混凝土,可采用直径为25mm的插入式振捣棒成型;对于坍落度大于25mm且小于70mm的混凝土宜用标准振动台振实;对于坍落度大于70mm的混凝土宜用振捣棒人工捣实。

5.【答案】C

6.【答案】D

【解析】规范规定,锚具的疲劳性能试验,试验经过200万次循环荷载后,锚具零件不应发生疲劳破坏;钢绞线因锚具夹持作用发生疲劳破坏的面积不应大于原试样总面积的5%。

7.【答案】A

【解析】超声回弹综合法的超声测试,通过检测超声波在混凝土中的声速大小来反映混凝土的内部情况,而声速则通过实测的换能器间距(测距)和声时换算得到。超声测试宜优先采用对测或角测法,当不具备对测或角测的条件时可采用单面平测法,斜测法因难以确定测距,故不采用。

8.【答案】C

【解析】采用半电池电位法进行钢筋锈蚀状况评判时,按惯例将电位值加以负号,绘制电位图,然后按下表进行判断。

混凝土桥梁钢筋锈蚀电位评定标准

电位水平(mV)	钢筋状况	评定标度
≥ -200	无锈蚀活动性或锈蚀活动性不确定	1
(-200,-300]	有锈蚀活动性,但锈蚀状态不确定,可能坑蚀	2
(-300,-400]	有锈蚀活动性,发生锈蚀概率大于90%	3
(-400,-500]	有锈蚀活动性,严重锈蚀可能性极大	4
< -500	构件存在锈蚀开裂区域	5

9.【答案】B

10.【答案】B

【解析】根据《公路桥涵地基与基础设计规范》(JTG D63—2007),实测抗压强度为35.0MPa的岩石属于较硬岩,岩石坚硬程度可按下表进行分级,对岩石坚硬程度进行分类主要用于地基承载力的确定。饱和抗压强度在30.0MPa以上岩石的地基承载力已经不再取决于岩石的强度,但在规范中仍将其区分为坚硬岩和较硬岩是为了与其他规范相适应。

岩石坚硬程度分级

坚硬程度类别	坚硬岩	较硬岩	较软岩	软岩	极软岩
饱和单轴抗压强度标准值 f_{rk}(MPa)	$f_{rk}>60$	$60 \geq f_{rk}>30$	$30 \geq f_{rk}>15$	$15 \geq f_{rk}>5$	$f_{rk} \leq 5$

11.【答案】A

【解析】深层平板荷载试验用于确定深部地基及大直径桩桩端在承压板压力主要影响范围内土层的承载力及变形模量。该法适用于埋深等于或大于3.0m和地下水位以上的地基土。

12.【答案】D

【解析】对于摩擦桩,在成孔质量检测时,其沉淀厚度首先应满足设计要求,当设计无要求时,对于直径≤1.5m的桩,沉淀厚度应≤200mm;对于桩径>1.5m或桩长>40m或土质较差的桩,其沉淀厚度应≤300mm。

13.【答案】A

14.【答案】C

15.【答案】C

16.【答案】C

【解析】在应变电测过程中,环境温度的升降会造成结构物的伸缩变化,同时还造成电阻应变片阻值的细微改变,从而导致应变值的测试偏差。温度补偿的目的是消除温度变化所造成的虚假信号。由温度补偿原理可知,选项C错误。

17.【答案】B

【解析】振型测试时,参考点应布设在有足够量值响应的区域,并避开所测振型的节点。根据题述,该桥2阶振型为反对称形态,跨中截面和支点截面为该阶振型的节点,$L/4$ 截面附近量值响应较大,因此选项B正确。

18.【答案】B

【解析】承载能力检算系数评定标度 D 是根据桥梁缺损状况、材质强度、自振频率等三个方面的检测结果,通过加权计算得到。当 D 值为1或2时,表明结构或构件总体技术状况较好,按规范可不进行正常使用极限状态评定计算;当 $D \geqslant 3$ 时,说明桥梁存在较严重缺损、材质状况较差或结构实际刚度小于设计计算刚度,桥梁的总体状况不容乐观,需要进行正常使用极限状态评定检算,通过采用引入检算系数 Z_1 或 Z_2 的方式检算限制应力、结构变形和裂缝宽度。

19.【答案】B

【解析】承载能力恶化系数反映了配筋混凝土桥梁结构的质量状况衰退,主要体现的是对结构耐久性的影响,根据对缺损状况、钢筋锈蚀、混凝土电阻率、混凝土碳化、钢筋保护层厚度、氯离子含量、混凝土强度等指标的检测结果,按桥梁所处的环境条件加以确定。

20.【答案】C

21.【答案】A

【解析】相对残余(实测残余值与实测总值之比)是反映结构弹性工作性能的重要指标。实测相对残余偏大(超过20%),说明桥梁结构在试验荷载作用下有较大的不可恢复变形,结构力学性能较差,可判定桥梁的实际承载力不满足要求。

22.【答案】C

【解析】根据《公路工程竣(交)工验收办法实施细则》,对公路隧道进行质量外观检查时,将隧道衬砌、总体、路面分别作为一个分部工程。隧道洞门被划归到总体这一分部工程中,按照支挡工程的相关要求进行评定。

23.【答案】A

【解析】全断面法主要适用Ⅰ~Ⅲ级围岩双车道及以下跨度隧道的开挖;Ⅳ级围岩双车道、Ⅲ级围岩三车道及以上跨度隧道,在有良好的机械设备保障和施工管理的前提下,也可采用全断面法开挖。

24.【答案】B

【解析】锚杆长度合格标准为:杆体长度不小于设计长度的95%,且满足 $-0.3\text{m} \leqslant$ 杆体长度误差 $\leqslant 0.1\text{m}$。

25.【答案】D

26.【答案】C

27.【答案】C

28.【答案】D

【解析】在隧道照明检测中,路面亮度是最重要的技术指标,并且经常把路面的光反射视为理想漫反射。在此假设下,亮度 L 与照度 E、反射系数 ρ 之间的关系为:$L=\rho E/\pi$。

29.【答案】C

【解析】长度为1800m,年平均日交通量为11000pcu/d的公路隧道养护等级应为二级养护,其结构定期检查频率为1次/2年。此外,一级、三级养护隧道的结构定期检查频率分别为1次/年和1次/3年。

30.【答案】B

二、判断题

1.【答案】正确

【解析】涉及结构安全和使用功能的重要实测项目为关键项目,其合格率不得低于90%,其中属于工厂加工制造的桥梁金属构件合格率不低于95%,机电工程合格率为100%。

2.【答案】不正确

【解析】质量保证资料不完整只能作为减分因素,不能直接判定该分项工程不合格。

3.【答案】正确

【解析】混凝土原材料砂按细度模数分类:细砂细度模数为1.6~2.2,中砂细度模数为2.3~3.0,粗砂细度模数为3.1~3.7。

4.【答案】正确

【解析】在常温条件下,对有明显屈服现象的钢材标准试样进行拉伸试验,屈服阶段中,应力-伸长率曲线会发生波动,取首次下降前的最大应力为上屈服强度,不计初始瞬时效应,取其最小应力为下屈服强度。通常将下屈服强度 R_{eL} 作为屈服强度特征值。

5.【答案】不正确

【解析】锚具在静载锚固性能试验过程中需观察锚具的变形,在静载锚固性能满足后,夹片允许出现微裂和纵向断裂,不允许横向、斜向断裂及碎断。

6.【答案】不正确

【解析】采用钻芯法检测混凝土的抗压强度,芯样试件宜在与被测结构或构件混凝土湿度基本保持一致的条件下进行抗压试验。如结构混凝土的工作条件比较干燥,芯样试件在受压前应在室内自然干燥3d;如结构混凝土的工作条件比较潮湿,芯样试件应在20℃±5℃的清水中浸泡40~48h,从水中取出后立即进行抗压试验。

7.【答案】正确

【解析】混凝土碳化深度的测量步骤为:采用适当的工具在测区表面形成直径约15mm的孔洞,其深度应大于预估混凝土的碳化深度;孔洞中的粉末和碎屑应除净,并不得用水擦洗;

采用浓度为1%～2%的酚酞酒精溶液滴在孔洞内壁边缘,待已碳化和未碳化的界线清晰后,用碳化深度测量尺量测。

8.【答案】不正确

【解析】超声法检测时,在声波发射电压不变的情况下,接收波幅(接收能量)衰减是混凝土内部存在缺陷的重要判据之一。为具有统一的评判标准,在对同一根桩的检测过程中,声波发射电压须保持不变。

9.【答案】不正确

【解析】采用超声法检测混凝土内部不密实区、空洞,被测部位应具有一对(或两对)相互平行的测试面。当构件具有两对相互平行的测试面时,可采用对测法;当构件只有一对相互平行的测试面时,可采用对测和斜测相结合的方法;当测距较大时,可采用钻孔或预埋管测法。

10.【答案】正确

【解析】平板荷载试验是用于确定地基承压板下应力主要影响范围内土层承载力和变形模量的原位测试方法,可分为浅层平板荷载试验和深层平板荷载试验。

圆锥动力触探试验(DPT)是利用一定质量的落锤,以一定高度的自由落距将标准规格的锥形探头打入土层中,根据探头贯入的难易程度判定土层的物理力学性质,也是公路桥涵工程勘察中用于确定地基土的承载力和变形模量的方法之一。

11.【答案】正确

【解析】在浅层平板荷载试验中,压密阶段土体压力与变形呈线性关系,土体处于弹性平衡状态;剪切阶段土体荷载与变形不再呈线性关系,其沉降的增长率随荷载的增大而增大。

12.【答案】不正确

【解析】超声波法是检测桩的孔径和垂直度的一种常用方法,可根据声波在均匀的泥浆介质中的传播速度和时间来评价桩的孔径和垂直度。

13.【答案】不正确

【解析】在进行基桩承载能力检测时,为安置沉降测点和仪表,试桩顶部露出试坑地面的高度不宜小于600mm,试坑地面宜与桩承台底设计高程一致。

14.【答案】正确

【解析】桥梁总体技术状况等级所对应的类别如下表所示。

桥梁总体技术状况评定等级

评定标度	桥梁技术状况描述
1类	全新状态,功能完好
2类	有轻微缺损,对桥梁使用功能无影响

续上表

评定标度	桥梁技术状况描述
3类	有中等缺损,尚能维持正常使用功能
4类	主要构件有大的缺损,严重影响桥梁使用功能;或影响承载能力,不能保证正常使用
5类	主要构件存在严重缺损,不能正常使用,危及桥梁安全,桥梁处于危险状态

15.【答案】不正确

【解析】桥梁静载试验采用分级加载制度,其主要目的有两个方面:一是通过加载分级逐次测定各分级荷载作用下结构的应变、挠度响应,以分析结构响应与荷载的相关性,如应变与内力呈线性关系,则说明结构处于正常弹性阶段;二是保证结构安全,对于旧桥,特别是旧危桥和技术状况不明的桥梁,应增加荷载分级级数。一般分为3~5级加载,加载车较多时,可用车辆数量控制加载分级。本题中只有两台车时,可不一次性加载到影响线峰值区,而是采用多次停放、逐步靠近影响线峰值区的方式实现多级加载。

16.【答案】不正确

【解析】梁端受力状况相对复杂,属于平面应力问题,根据剪力的传递路径,最大剪力截面也不在支点截面,且主应力方向一般未知,因此规范要求按下图粘贴应变花(有多种形式,直角形较为常用),测量多个方向的应变,计算主应力的方向和大小。

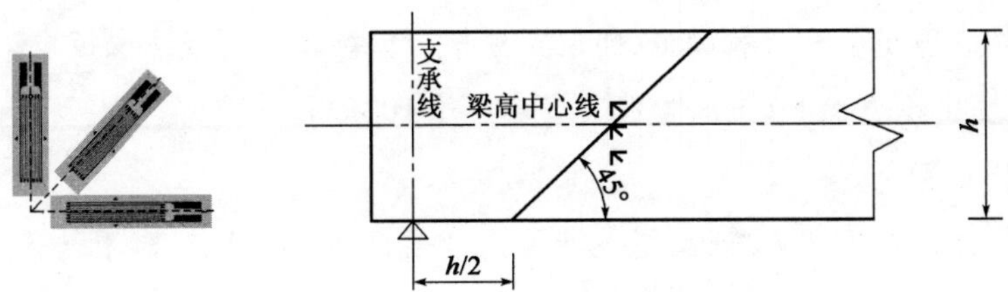

17.【答案】正确

【解析】在动态信号的后期分析时,频谱分析精度取决于频率分辨率Δf,其值越小分析精度越高。Δf与采样频率f_s、分析频率f_b,数据长度m、谱线数n、采样时间t之间的关系是:$\Delta f = f_s/m = f_b/n = 1/t$。在进行动态信号采集时,首先应保证分析频率$f_b$大于被测频率,并合理设置相应的采集、分析参数。本题中,数据长度m不变且分析带宽能满足要求,适当降低采样频率可提高频谱分析精度。

18.【答案】不正确

【解析】多跨或多孔桥梁,对所有桥跨或桥孔进行承载力评定是不经济和不必要的。对相同结构形式、类似技术状况的桥跨,可选择具有代表性的桥跨进行评定;对不同结构形式或不同技术状况的桥跨,应选择最不利的桥跨进行评定。

19.【答案】不正确

【解析】规范明确规定,在保证桥梁安全的前提下,为充分发挥桥梁的承载能力,经检算作用效应与抗力效应的比值在1.0~1.2之间的桥梁,还应通过荷载试验进一步评定其承载能力,方法是:根据荷载试验实测的校验系数确定检算系数 Z_2,代替 Z_1 重新检算,如重新检算荷载效应与抗力效应的比值小于1.05,应判定桥梁承载能力满足要求,否则不满足。

20.【答案】不正确

【解析】设计荷载效应是恒载、活载等多种荷载效应分别乘以组合系数之后叠加,而活载影响修正系数只是根据实际交通状况针对其中设计汽车荷载效应的修正,实际荷载效应不能简单地将设计荷载效应乘以活载影响修正系数。

21.【答案】不正确

【解析】荷载试验主要测点的校验系数大于1,可依据规定直接判定桥梁承载能力不满足要求,而不需要用 Z_2 代替 Z_1 再作承载力评定检算。

22.【答案】正确

【解析】锚杆是在隧道围岩发生变形后发挥作用,这就要求锚杆材质具有一定的延展性,对于杆体材料为钢材的锚杆,其断后伸长率不应小于16%。

23.【答案】正确

24.【答案】不正确

【解析】在隧道复合式衬砌中,初期支护与二次衬砌之间的防水板应采用易于焊接的防水卷材,其厚度应不小于1.0mm,接缝长度不小于100mm。

25.【答案】正确

【解析】渗透能力即渗透性,指浆液注入岩层的难易程度。对于悬浊液,渗透能力取决于颗粒大小;对于溶液,渗透能力则取决于黏度。

26.【答案】不正确

【解析】传感器受力方向须与隧道开挖轮廓线相切。

27.【答案】不正确

【解析】岩体完整性系数为 $K=\left(\frac{v_1}{v_2}\right)^2$,式中,$v_1$ 为岩体声波纵波速度,v_2 为岩块声波纵波速度;系数越接近于1,表示岩体越完整。

28.【答案】正确

【解析】测尘滤膜通常带有静电,影响称量的准确性,因此在每次称量前应将采样后的滤膜置于干燥器内2h以上,除去静电后,再在分析天平上准确称量。

29.【答案】正确

【解析】当运营隧道内的烟雾浓度达到 $0.012m^{-1}$ 时,其隧道内的可见度和行车舒适感

大幅降低,为保证行车安全,应采取交通管制等措施。

30.【答案】正确

三、多项选择题

1.【答案】ABC

【解析】分项工程质量检验内容包括基本要求检查、实测项目得分、外观缺陷减分、资料不全减分四个方面。

2.【答案】ABD

【解析】混凝土的主要力学性能包括:立方体抗压强度、棱柱体轴心抗压强度、抗压弹性模量、抗弯拉强度、劈裂抗拉强度等。

3.【答案】AD

4.【答案】BC

【解析】选项A错误,新回弹仪启用前需经过检定;选项D错误,回弹仪率定试验所使用的钢砧应每两年送授权计量检定机构检定或校准。

5.【答案】ABC

6.【答案】ABCD

【解析】对于混凝土灌注桩桩身完整性检测,较为常用的方法是低应变反射波法和声波透射法,若经上述两种方法检测后,对桩身完整性仍存在疑虑时,可用钻芯取样法进行验证。钻芯取样法可以检测桩长、桩身混凝土强度、桩底沉渣厚度,鉴别桩底岩土性状等,检测成果直观可靠,能够准确地判定桩身完整性类别。高应变动力试桩法实测的冲击波作用下的加速度与应变信号,经基桩动测仪软件处理后,输出力和速度时程曲线,不仅可以用于分析基桩承载力,还可以用于判断桩身完整性。

7.【答案】ABCD

8.【答案】BD

【解析】桥梁动载试验的测试内容主要包括行车动力响应值(含动应变、动挠度、振动加速度、振动速度、动力放大系数、冲击系数等)和自振特性(含振动频率、阻尼比、振型等)两方面。

9.【答案】ABC

【解析】桥梁结构自振特性测定的激励方式有3种:环境随机激励(即脉动法)、自由振动激励(如行车余振激励、跳车激励等)和强迫振动激励(共振法)。其中,强迫振动法要求激振设备的激振频率可调,测试不同频率激励时结构的振动幅值响应,得到共振曲线(幅频特性曲线)后计算结构的频率、阻尼比,而选项D中发电机、搅拌机等设备的激振频率是固定的,不能满足测试要求。

10.【答案】CD

【解析】选项C仅适用于在用桥梁,需先完成桥梁技术状况检测,在此基础上确定分项检算系数修正荷载效应和抗力效应后,再进行承载力评定;选项D适用于在用桥梁和新建桥梁的承载力评定。选项A错误,根据桥梁设计图纸进行的承载力验算,未考虑各项分项检算系数的影响,无法对在用桥梁的实际承载力进行评定;选项B错误,根据桥梁定期检查结果可进行桥梁技术状况等级评定,但其结果不等同于承载能力评定。

11.【答案】BCD

【解析】在保证桥梁安全的前提下,为充分发挥桥梁的承载能力,经检算荷载效应与抗力效应的比值在1.0~1.2之间的桥梁,还应通过荷载试验进一步评定其承载能力,方法是:根据荷载试验实测的校验系数确定检算系数Z_2,代替Z_1重新检算,如重新检算荷载效应与抗力效应的比值小于1.05,应判定桥梁承载能力满足要求,否则不满足。

12.【答案】ABD

【解析】承载能力检算系数Z_1体现了桥梁的总体技术状况对结构承载力的直接影响,结构或构件缺损状况、材质强度和结构自振频率这三项参数是反映桥梁总体技术状况的主要指标。

13.【答案】ABCD

14.【答案】ABD

【解析】为保证精度和便于数据处理,条件许可时仪器应布置在隧道轴线上;根据检测目的,被测断面须与隧道轴线相垂直;通常情况下,初期支护检测断面为10m一个,二次衬砌检测断面为20~30m一个。

15.【答案】ABCD

【解析】模筑混凝土衬砌的质量检验指标除对原材料进行检测外,还包括混凝土强度、混凝土衬砌结构厚度、混凝土密实度、混凝土外观及表面平整度、混凝土缺陷和几何尺寸等。

16.【答案】ACD

【解析】选项B、E错误,检测断面距离开挖面不超过2m,周边收敛每次测读3次数据。

17.【答案】ABD

【解析】选项C错误,测试断面应布置在受力敏感位置,避开钢架节段的接头部位,距接头间距应大于500mm。

18.【答案】AB

【解析】采用滤膜法检测施工隧道内空气中粉尘浓度,当空气中粉尘浓度≤50mg/m^{3}时,应采用直径为37mm或40mm的滤膜;当空气中粉尘浓度>50mg/m^{3}时,应采用直径为75mm的滤膜。

19.【答案】ACD

【解析】通常采用U形压差计、补偿式微压计、皮托管测定隧道内空气的相对静压,而空盒气压计是空气绝对静压的测定仪器。

20.【答案】ACD

四、综合题

1.【答案】(1)BD (2)B (3)AD (4)AC (5)AC

【解析】(1)超声回弹综合法的测区应优先选在能使回弹仪处在水平方向的混凝土浇筑侧面,超声测试优先采用对测或角测,因此选项A错误,选项D正确;选项B正确,超声测试时混凝土表面涂抹的耦合剂会影响回弹测值,因此应先完成回弹测试;选项C错误,超声回弹综合法不考虑碳化深度对结果的影响。

(2)测区的回弹代表值应从该测区的16个回弹值中剔除3个最大值和3个最小值,取其余10个回弹值的平均值作为代表值。选项C、D错误,回弹值为无单位量纲的测试值,并非强度值。

(3)当回弹仪为非水平方向弹击且测试面为非浇筑侧面时,应先进行角度修正,再进行测面修正,两次修正的顺序不能颠倒,也不允许用两个修正值直接与原始回弹值相加减。

(4)不考虑对浇筑面及超声测试方式的修正时,测区声速代表值计算公式为:$v=\frac{1}{3}\sum_{i=1}^{3}\frac{l_i}{t_i-t_0}$,式中,$l_i$为测距,$t_i$为测点声时,$t_0$为零声时。根据公式计算可得到修正前1号测区的声速代表值为3.77km/s。本题中超声测区位于空心板底面,对声速值需要进行浇筑面修正,应计入测试面修正系数β,另因测试方式为平测,还应计入平测声速修正系数λ(即对测声速与平测声速之比)。故正确答案为A、C。

(5)采用全国统一测强曲线时,使用前应按规范规定进行验证;当构件的测区数少于10个时,强度推定值取所有测区强度换算值的最小值,选项D错误。选项B错误,题述中碳化深度为干扰内容,超声回弹综合法不考虑碳化深度对结果的影响。

2.【答案】(1)A (2)A (3)AD (4)C (5)BC

【解析】(1)试样的停放与试验条件要求为:试样需在标准温度为23℃±5℃的试验室内停放24h,并在该标准温度内进行试验。

(2)在抗剪弹性模量试验中,将试样置于压力机的承载板与中间钢拉板上,按双剪组合配置好,对准中心,偏差应小于1%的试样短边尺寸。

(3)在抗剪弹性模量试验过程中,先对支座施加竖向荷载,然后在正式加载前进行预加水平荷载。施加竖向荷载时,将压应力以0.03~0.04MPa/s的速率连续增至平均压应力$\sigma=$

10MPa,并在整个抗剪弹性模量试验过程中保持不变。预加水平荷载时,以 0.002 ~ 0.003 MPa/s 的速率连续施加水平荷载至剪应力增至 $\tau=1.0$MPa,持荷 5min,然后连续均匀地卸载至剪应力为 0.1MPa,持荷 5min,记录初始值,预载 3 次。

(4)每对检验支座所组成的试样的综合抗剪弹性模量 G_1,为该对试样 3 次加载所得到的 3 个结果的算术平均值。但各项结果与算术平均值之间的偏差应不大于算术平均值的 3%,否则该试样应重新复核试验一次。因此选项 C 正确。

(5)略。

3.【答案】(1)ABC (2)ABCD (3)AB (4)BD (5)AD

【解析】(1)在进行桥梁技术状况评定时,先要进行结构的层次划分,再进行分层评定。构件是组成桥梁结构的最小单元,如一片梁、一个桥墩等;同类构件统称为一类部件,如梁、桥墩等;多个部件组合后成为结构,如上部承重构件(全部主梁)、上部一般构件(全部横隔板)、支座组成上部结构。因此选项 A、B 正确。选项 D 错误,桥台基础的局部冲刷属于基础部件的病害。

(2)根据桥梁各部件的重要程度,又分为主要部件和次要部件。选项 A、B、C、D 都属于主要部件。

(3)部件的评分根据该部件所有构件的平均评分、最低评分以及构件数量计算得到,因此选项 A 错误、选项 C 正确;选项 B 错误,技术状况评定中,只有各桥梁部件和各结构有各自的权重值,构件没有权重值;规范规定当上部结构或下部结构的主要部件中某一构件评分小于 60 时,该部件的评分值即取该构件的评分,因此选项 D 正确。

(4)选项 B、D 正确,上部结构的技术状况评分为:

$$\mathrm{SPCI}=\sum_{i=1}^{m}\mathrm{PCCI}_i\times w_i=55.00\times0.70+75.00\times0.18+65.00\times0.12=59.80$$

根据桥梁总体及结构技术状况分类界限表,上部结构技术状况评定为 4 类。

(5)全桥总体技术状况评分为:

$$\begin{aligned}D_{\mathrm{r}}&=\mathrm{BDCI}\times W_{\mathrm{D}}+\mathrm{SPCI}\times W_{\mathrm{SP}}+\mathrm{SBCI}\times W_{\mathrm{SB}}\\&=59.80\times0.4+75.00\times0.4+80.00\times0.2=69.92\end{aligned}$$

公路桥梁技术状况评定采用分层综合评定与单项控制指标相结合的方法。题述该桥“有 1 片 T 梁发生位移并存在失稳现象”是对桥梁安全构成重大影响的病害,属于规范所规定的单项控制指标之一,因此桥梁总体应评定为 5 类桥。

4.【答案】(1)D (2)AC (3)BC (4)BCD (5)C

【解析】(1)计算跨中最大正弯矩设计控制值,需将车道荷载的均布荷载和集中荷载所产生的弯矩值求和,并计入冲击系数和车道数:

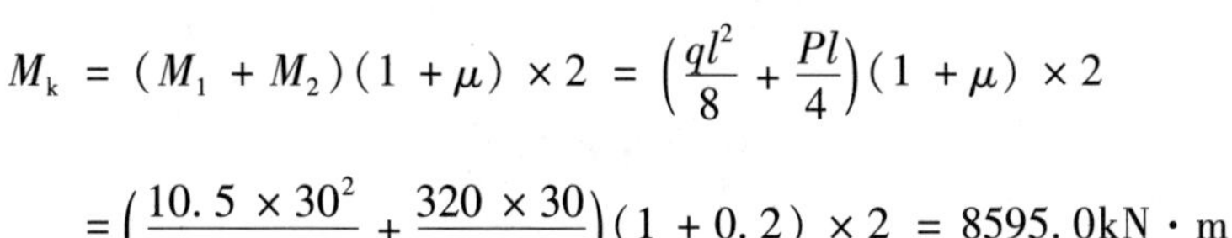

$$M_k = (M_1 + M_2)(1+\mu)\times 2 = \left(\frac{ql^2}{8}+\frac{Pl}{4}\right)(1+\mu)\times 2$$

$$=\left(\frac{10.5\times 30^2}{8}+\frac{320\times 30}{4}\right)(1+0.2)\times 2 = 8595.0\text{kN}\cdot\text{m}$$

因此选项 D 正确。

(2)静载试验测点位移或应变的测试数据按以下公式进行处理和分析：

总位移(或应变) $S_t = S_l - S_i$

弹性位移(或应变) $S_e = S_l - S_u$

式中，S_i 为加载前的位移(或应变)初值；S_l 为加载达到稳定时的测值；S_u 为卸载后达到稳定时的测值。故选项 A、C 正确。

(3)静载试验校验系数为位移(或应变)的实测弹性值与计算值之比，即 $\eta = \frac{s_e}{s_s}$，故选项 B、C 正确。

(4)静载试验残余值和相对残余值按以下公式计算：

残余位移(或应变) $S_p = S_t - S_e = S_u - S_i$

相对残余位移(或应变) $\Delta S_p = S_p / S_t \times 100\%$

故选项 B、C、D 正确。

(5)在试验荷载作用下，纵向裂缝宽度未超过规范限值(预应力混凝土结构纵向裂缝宽度限值为 0.20mm)，未出现横向和竖向裂缝，抗裂性能满足要求。选项 D 错误，规范中没有裂缝数量的限值要求。

5.【答案】(1)AC (2)ABD (3)BC (4)AC (5)BC

【解析】(1)对于断层的预报应采用以地质调查法为基础、以地震波反射法或地质雷达法为主的综合超前地质预报法；因隧道岩层富水性中等偏高，有较普遍的滴水渗水现象，因此还需采用红外探测法或高分辨直流电法或瞬变电磁法探测地下水发育情况。故选项 A、C 正确。

(2)地质雷达法不适用地下水发育情况探测。

(3)地震波反射法的有效探距为 100～150m，重叠距离不应小于 10m；红外探测法的有效探测距离一般不超过 30m，重叠长度应在 5m 以上。故选项 B、C 正确。

(4)地震波反射法采用小药量爆破激发地震波，药量大小根据直达波信号强弱进行调整；地震波反射法不适用地下水发育情况探测。因此选项 A、C 正确。

(5)炮点和检波器均布置在隧道左右边墙上，且保证高度位置相同；激发前，炮孔应用水或其他介质填充，封住炮孔，以确保激发的能量绝大部分在地层中传播。炮点激发按序进行，一次一个炮点。因此选项 B、C 正确。

模拟试题二

一、单项选择题

1.【答案】C

【解析】涉及结构安全和使用功能的重要实测项目为关键项目,其合格率不得低于90%,其中属于工厂加工制造的桥梁金属构件合格率不得低于95%,机电工程合格率为100%。

2.【答案】B

【解析】在混凝土立方体抗压强度试验中,取3个试件测值的算术平均值为测定值。3个测值中最大值或最小值中如有一个与中间值之差超过中间值的15%,则取中间值为测定值;如最大值和最小值与中间值之差均超过中间值的15%,则该组试验结果无效。因此选项B正确。

3.【答案】D

【解析】钢绞线按不同的结构形式、公称直径和强度等级,有不同的力学性能要求,但最大力总伸长率($L_0 \geqslant 400$mm)均不应小于3.5%。

4.【答案】B

【解析】混凝土立方体劈裂抗拉强度试验中,强度等级小于C30的混凝土加荷速度为0.02~0.05MPa/s,强度等级大于C30、小于C60时的加荷速度为0.05~0.08MPa/s,强度等级大于C60的加荷速度为0.08~0.10MPa/s。

5.【答案】B

6.【答案】A

【解析】桥梁伸缩装置尺寸检测时用到的测量器具包括钢直尺、游标卡尺、平整度仪、水准仪等。皮尺的测量误差太大,不能满足测试精度要求。

7.【答案】D

8.【答案】B

【解析】当构件测区数少于10个时,因样本太少,不宜采用数理统计的方法,取最小值作为强度推定值。

9.【答案】B

【解析】根据公式$v = L/(t - t_0)$可得到超声波在混凝土中的传播速度。

10.【答案】B

【解析】根据岩体节理间距将其发育程度划分为节理不发育、节理发育和节理很发育三类,划分方法详见下表:

岩体节理发育程度分类表

程　　度	节理不发育	节 理 发 育	节理很发育
节理间距(mm)	>400	200～400	20～200

11.【答案】C

12.【答案】D

13.【答案】A

【解析】在进行桩成孔质量检测时，倾斜度应满足：钻孔桩小于1%；挖孔桩小于0.5%。

14.【答案】C

【解析】《公路工程基桩动测技术规程》(JTG/T F81-01—2004)规定，采用超声透射波法检测混凝土灌注桩桩身完整性时，受检桩桩身混凝土龄期原则上应大于或等于28d，若工期要求急，混凝土龄期可适当缩短为14d，此时受检桩桩身混凝土强度必须达到设计强度的70%，且不得低于15MPa。

15.【答案】B

【解析】《公路桥梁技术状况评定标准》采用分层综合评定与5类桥梁单项指标控制相结合的方法，先对桥梁各构件进行评定，然后对各部件进行评定，再对桥面系、上部结构和下部结构进行评定，最后进行桥梁总体技术状况的评定；当桥梁病害达到规范规定的单项控制指标之一时，整座桥应评为5类桥。

16.【答案】D

【解析】当所检测桥梁没有设置某些部件时，应将其权重值分配给其他部件。例如本题，将伸缩缝装置的权重0.25按上部结构其他部件各自的权重比例进行分配，则桥面铺装的权重应调整为：$w=\dfrac{0.40}{1-0.25}=0.53$。

17.【答案】C

【解析】技术状况评定时，不同结构形式的桥梁构件、部件以及检查指标都不相同，因此规范规定，当单个桥梁存在不同的结构形式时，可根据结构形式的分布情况划分评定单元，分别对各评定单元进行桥梁技术状况的等级评定。

18.【答案】A

【解析】桥梁结构整体指标包括变位(挠度、转角、横向位移等)、冲击系数、自振频率、振型、阻尼等，而应变、裂缝等属于结构或构件的局部指标。整体指标可宏观反映结构的整体工作状况。

19.【答案】D

【解析】混凝土是非匀质材料，混凝土表面应变测量时，要求标距$L\geqslant 4\sim 5$倍最大集

料直径,通常选用80~100mm的标距规格。

20.【答案】C

【解析】静载试验时,如果支点有沉降,应对测试截面的竖向变位进行修正后得到挠度值,计算方法详见考试用书。

21.【答案】D

【解析】根据桥梁状况的检查与检测结果,考虑对桥梁工作状态、性能产生影响的各方面因素,需确定多个分项检算系数,对极限状态设计表达式进行修正。分项检算系数包括:反映桥梁总体技术状况的承载力检算系数 Z_1 或 Z_2;考虑结构有效截面折减的截面折减系数 ξ_c 和 ξ_s;考虑结构耐久性影响因素的承载能力恶化系数 ξ_e;反映实际通行汽车荷载变异的活载影响系数 ξ_q。

22.【答案】D

【解析】桥梁承载力检算系数 Z_2 通过静载试验结果得到,其取值根据主要测点应力(应变)校验系数和变位校验系数的较大者,查表获取;校验系数越小,说明结构相对安全储备越大,Z_2 值取值也越大。

23.【答案】D

【解析】对公路隧道进行质量外观检查时将隧道衬砌、总体、路面分别作为一个分部工程。竣(交)工验收时,无法对初期支护这一隐蔽工程进行外观检查。

24.【答案】D

【解析】凿芯法和冲击钻打孔量测法是检测衬砌结构厚度的主要方法,其测试结果直观、可靠、准确,不足之处是这些方法会损伤衬砌及复合式衬砌结构中的防排水设施。

25.【答案】A

26.【答案】D

【解析】根据试验,砂性土孔隙直径必须大于浆液颗粒直径的3倍以上,浆液才能注入。

27.【答案】A

【解析】围岩与初期支护之间接触压力的量测传感器有液压式测力计和钢弦式压力盒,后者应用广泛;钢弦式钢筋应力计可用于锚杆轴力和钢架应力测量;应变砖可用于衬砌内部应力测量,但应用很少。

28.【答案】B

29.【答案】D

30.【答案】B

二、判断题

1.【答案】正确

【解析】评定为不合格的分项工程，经加固、补强或返工、调测，满足设计要求后，可以重新评定其质量等级，但计算分部工程时按其复评分值的90%计算。

2.【答案】不正确

【解析】冻融试验后的材料无明显损伤(裂缝、脱层和边角损坏)，冻融后的质量损失率不大于2%，强度不低于试验前的0.75倍(冻融系数大于75%)时，为抗冻性好的石料。

3.【答案】正确

4.【答案】正确

5.【答案】正确

6.【答案】不正确

【解析】球形支座摩擦系数(加5201硅脂润滑后)试验根据温度适用范围不同分两个技术指标：温度在 -25 ~60℃时的摩擦系数应不大于0.03，温度在 -40 ~ -25℃时的摩擦系数应不大于0.05。

7.【答案】不正确

【解析】采用回弹法测试混凝土强度，碳化深度测点数不应少于构件测区数的30%。

8.【答案】正确

【解析】由于混凝土集料在凝固前具有流动性，经过振捣凝固后，相对于浇筑侧面来说，浇筑底面硬度较高的粗集料含量多，而浇筑表面则相反，就造成了在混凝土浇筑底面回弹值偏大、浇筑表面回弹值偏小的情况，需对浇筑顶、底面的回弹值进行修正，即浇筑面修正。

9.【答案】不正确

【解析】采用超声平测法测定混凝土结构浅裂缝深度，如在某测距处发现首波反相，则将该测距及两个相邻测距的裂缝深度计算值取平均，作为该裂缝的深度值。

10.【答案】不正确

【解析】高强螺栓连接副在紧固1次后，其力学性能就会有所改变，因此每套连接副只能做1次试验，不得重复使用，在紧固中垫圈发生转动时，应更换连接副后重复试验。

11.【答案】正确

12.【答案】不正确

【解析】重型和超重型圆锥动力触探试验地面上触探杆的高度不宜超过1.5m，以免倾斜和摆动过大。

13.【答案】正确

【解析】低应变反射波法检测系统由基桩动测仪、传感器和激振设备组成，其中，传感器宜选用压电式加速度传感器和磁电式速度传感器，频响曲线的有效范围应覆盖整个测试信号的频带范围。

14.【答案】正确

15.【答案】正确

16.【答案】不正确

【解析】组成桥梁结构的最小单元,称为桥梁构件,如一片梁、一个桥墩;结构中的同类构件称为桥梁部件(即构件集),如梁、桥墩等。

17.【答案】不正确

【解析】桥梁部件的技术状况评分按下式计算:

$$PCCI_i = \overline{PMCI} - (100 - PMCI_{min})/t$$

或

$$BCCI_i = \overline{BMCI} - (100 - BMCI_{min})/t$$

$$DCCI_i = \overline{DMCI} - (100 - DMCI_{min})/t$$

式中,t 为随构件的数量而变的系数,构件数量越多 t 值越小,桥梁部件的技术状况评分与构件数量有关。

18.【答案】正确

【解析】评定标准专门指出:当单个桥梁存在不同的结构形式时,可根据结构形式的分布情况划分评定单元,分别对各评定单元进行桥梁技术状况的等级评定。

19.【答案】不正确

【解析】为便于设计计算,桥梁设计规范中的设计荷载或目标荷载一般为一个车列或简化为均布荷载+集中荷载的方式(称为荷载图式),荷载试验如采用与其完全相同(荷载大小、荷载分配)的荷载来加载困难较大也不必要,可遵循效应等效的原则利用加载车辆、重物堆载等进行布载,保证结构控制部位、控制截面在试验荷载作用下的力学效应与设计荷载或目标荷载作用下的效应等效。

20.【答案】正确

【解析】根据桥梁相关设计规范,梁式桥在设计活载作用下,最大挠度不得超过计算跨径的1/600,但应注意此限值已是桥梁正常使用极限状态的上限,实测挠度一般不会达到此限值。对于混凝土桥梁,挠度校验系数是个远比规范挠度限值要求严格的指标,即满足规范挠度限值要求时,并不意味着挠度校验系数指标能满足要求。

21.【答案】不正确

【解析】车道荷载由集中荷载和均布荷载组成,计算结构的效应时,集中荷载只作用于相应影响线的峰值处,均布荷载应满布于使最不利效应的同号影响线上。根据题述,该桥结构计算,车道荷载的集中荷载应作用于中跨跨中截面,均布荷载只作用于中跨。

22.【答案】正确

【解析】由于钢结构桥梁与圬工、配筋混凝土桥梁在材料、施工工艺上的差异,检算系

数 Z_1 的确定方式也与后者有所区别，根据结构或构件的缺损状况查表直接得到。对于圬工及配筋混凝土桥梁，需首先根据缺损状况、材质强度、自振频率的检测结果，通过加权计算得到检算系数评定标度 D 值，然后查表得到 Z_1 值。

23.【答案】不正确

【解析】普通钢筋混凝土桥梁允许带裂缝工作，其裂缝宽度的限值为 0.25mm，本题中空心板横向裂缝的扩展宽度并未超过限值，不能作为承载力不满足要求的判据。

24.【答案】不正确

【解析】隧道激光断面仪采用极坐标法进行测量，仪器按设定的转角步长，依次测量仪器旋转中心与开挖轮廓线交点的矢径及该矢径与水平方向的夹角，经数据处理得到开挖轮廓线。题干所述的方法属于采用激光束测量隧道开挖断面的方法。

25.【答案】正确

26.【答案】不正确

【解析】防水混凝土抗渗等级分为设计抗渗等级、试验抗渗等级、检验抗渗等级，检验抗渗等级不得低于设计抗渗等级。

27.【答案】正确

28.【答案】不正确

【解析】针对隧道拱顶下沉量测的实际情况，应优先选用精度较高的精密水准仪进行测量。当在变形较大的软弱围岩条件下，量测仪器精度对量测结果影响较小或现场条件受限时，也可采用全站仪进行观测。

29.【答案】正确

30.【答案】不正确

【解析】隧道紧急停车带的照明光源宜采用显色指数高的光源，其亮度不应低于 $4.0cd/m^2$。

三、多项选择题

1.【答案】ACD

【解析】分项工程质量评分的项目包括：基本要求检查，实测项目得分，外观缺陷减分，资料不全减分。质量保证资料是指施工过程所涉及的一系列质量管理文件、施工记录和图表等。选项 B 不完整，只是属于质量保证资料部分中的一类。

2.【答案】ABCE

【解析】钢绞线的产品标记包括：结构代号、公称直径、强度级别、标准号。

3.【答案】AC

4.【答案】AB

【解析】土工布物理特性检测项目主要指土工布的厚度与单位面积质量,抗拉强度及延伸率属于土工布的力学性能指标。

5.【答案】CD

【解析】选项A错误,采用超声回弹综合法检测结构混凝土强度,超声测试时需在混凝土表面涂抹耦合剂,如先完成超声测试则混凝土表面的耦合剂将影响回弹测值的准确性,故应先进行回弹测试,再进行超声测试。选项B错误,超声回弹综合法按单个构件检测混凝土强度,每个构件上测区数量不应少于10个。

6.【答案】AD

【解析】当有钢筋穿过裂缝并与两换能器的连线大致平行时,沿钢筋传播的超声波首先达到接收换能器,会影响到测试结果的准确性;平测法采用厚度振动式换能器(平面换能器),以两个换能器内边缘之间的距离作为测距。

根据规范中裂缝深度的确定方法,当在某测距发现首波反相时,将该测距及两个相邻测距的裂缝深度计算值平均,作为该裂缝的深度值;如难于发现首波反相时,则以不同测距按计算h_{ci}及其平均值m_{hc},将各测距l'_i与m_{hc}相比较,凡测距l'_i小于m_{hc}和大于m_{hc}的,应剔除该组数据,然后取余下h_{ci}的平均值,作为该裂缝的深度值(h_c)。

7.【答案】AD

8.【答案】ABC

【解析】桩的孔径和垂直度检测是成孔质量检测中的两项重要内容。目前有钢筋笼检测、伞形孔径仪检测、声波法检测三种方法,它们可同时检测孔径和垂直度。

9.【答案】ABCD

10.【答案】BD

11.【答案】BD

12.【答案】ABD

【解析】根据规范规定,对于技术状况为4、5类的桥梁、拟通过加固手段提高荷载等级的桥梁,以及遭受自然灾害、意外事件或有超重车辆通行等造成损害的桥梁、定期检查难以判明损坏原因及程度的桥梁,应进行特殊检查。选项C错误,日交通流量较大,并不一定对桥梁造成损伤,只要通行车辆重车数量、轴重未超过设计规定,可不做特殊检查。

13.【答案】BD

【解析】静载试验的测试工况应体现控制截面在正常荷载作用下的最不利受力状况。无铰拱桥静载试验的主要工况为:拱脚截面最大负弯矩工况和拱顶截面最大正弯矩工况,对跨径较大的拱桥试验工况还包括$L/4$截面的最大正弯矩和最大负弯矩工况。

14.【答案】BCD

【解析】选项A错误,半功率带宽法用于计算分析结构阻尼比。

15.【答案】AD

【解析】在用桥梁应按承载能力极限状态和正常使用极限状态两类极限状态进行承载能力检测评定，其中，承载能力极限状态针对的是结构或构件的截面强度和稳定性，正常使用极限状态针对的是结构或构件的刚度和抗裂性。

16.【答案】ABCD

【解析】除按选项中的四种方式分类外，还可按照隧道穿越底层、隧道跨度或车道数、隧道长度等方式进行分类。

17.【答案】ABD

【解析】围岩自稳定能力弱开挖后拱部易出现塌方的地段应采用超前管棚。

18.【答案】AD

【解析】隧道监控量测获取数据经整理和回归分析后，根据经验方法实现反馈，通常采用位移时态曲线和位移速率作为判据，对围岩稳定和支护效果进行分析判断。

19.【答案】ABCD

20.【答案】BC

【解析】5 类隧道的评判标准不仅限于选项 B、C 的内容，其他详见《公路隧道养护技术规范》(JTG H12—2015)第 4.5.5 条规定。

四、综合题

1.【答案】(1)C　(2)CD　(3)ABCD　(4)B　(5)BC

【解析】(1)采用"时-距"法测量径向换能器的零声时 t_0，可假定超声波在水中的波速恒定，即测距为 l_1 时的声速 v_1 等于测距为 l_2 时的声速 v_2，每个测距读取的声时值都包含有相同的 t_0，则 $v_1=\frac{l_1}{t_1-t_0}=v_2=\frac{l_2}{t_2-t_0}$，可推导出 $t_0=\frac{l_1\cdot t_2-l_2\cdot t_1}{l_1-l_2}$，由此可计算出 $t_0=0.2\mu s$。

(2)采用超声法检测混凝土内部不密实区、空洞，当构件具有两对相互平行的测试面时，可采用对测法；当构件只有一对相互平行的测试面时，可采用对测和斜测相结合的方法；当测距较大时，可采用钻孔或预埋管测法，选项 A 中角测法错误。选项 B，磁粉检测法只适用于铁磁性材料的检测，一般用于钢结构的焊缝探伤；选项 C，采用超声法钻孔测试时，可以将径向振动式换能器放在测孔中，厚度振动式换能器置于与测孔平行的侧面。

(3)超声法检测混凝土结构内部缺陷的方法及原理是：超声波检测仪通过发射换能器发射超声波脉冲信号，该声波穿过混凝土后到达接收换能器，可以测得声速、波幅、频率、波形等声学参数。当混凝土内部存在缺陷时，一般会发生声速降低(即声时增大)、接收波幅(接收能量)衰减、接收频率降低、波形畸变等。

(4)超声波法单面平测裂缝深度的示意图如下图所示：

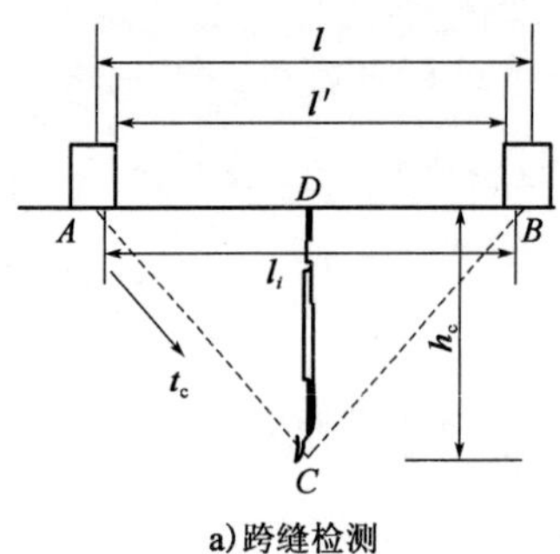

a)跨缝检测

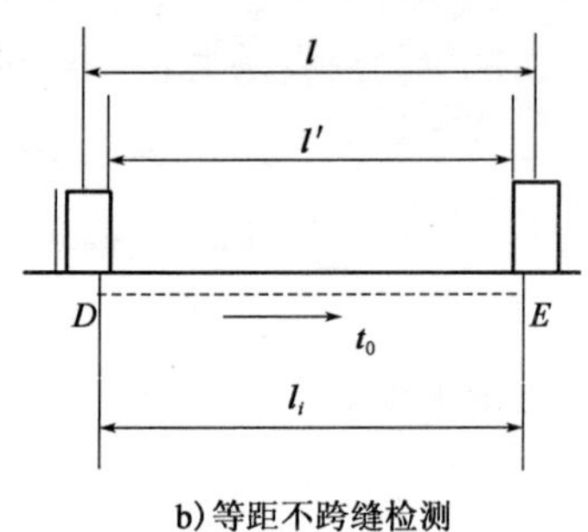

b)等距不跨缝检测

先在无裂缝的区域测试得到完好混凝土的声速 v,再将两换能器分别置于以裂缝为对称轴的两侧进行跨缝测试,超声波遇到裂缝会发生绕射至裂缝末端 C 点,如图所示,换能器 A、裂缝表面 D 及裂缝末端 C 三点构成一直角三角形,求解 CD 的长度即为裂缝深度 h_{ci}。超声波的实际传播距离为 $l_s = l_{AC} + l_{BC} = 2l_{AC}$,可由该测点的声时 t_i 及混凝土中的声速 v 求得,即 $l_s = v \cdot t_i$,则根据几何关系有:

$$h_{ci} = l_{CD} = \sqrt{l_{AC}^2 - l_{AD}^2} = \sqrt{\left(\frac{l_s}{2}\right)^2 - \left(\frac{l_i}{2}\right)^2} = \sqrt{\left(\frac{v \cdot t_i}{2}\right)^2 - \left(\frac{l_i}{2}\right)^2} = \frac{l_i}{2}\sqrt{\left(\frac{v \cdot t_i}{l_i}\right)^2 - 1}$$

根据此公式及题述条件,可计算得到在此测距计算的裂缝深度约为125mm。注意这里的计算结果仅为当前测距时的裂缝深度(h_{ci}),最终的实测裂缝深度 h_c 还应按以下方式确定:

①当跨缝测量中发现某测距处首波反相时,取该测距及两个相邻测距下测得的裂缝深度计算值的平均值为该裂缝的深度值(h_c);

②如跨缝测量中难于发现首波反相,则将各测距 l_i 小于 m_{hc} 及大于 $3m_{hc}$ 对应之 h_{ci} 剔除后(m_{hc} 为各测点计算裂缝深度的平均值),取余下 h_{ci} 的平均值作为该裂缝的深度值(h_c)。

(5)对于深度大于500mm的裂缝(深裂缝)深度的测试,应采用钻孔法,选项A错误,选项C正确;采用超声平测法检测混凝土裂缝深度时,裂缝中不得有水或泥浆,否则超声波经水介质耦合从裂缝中穿过,测试结果不能真实反映裂缝深度,选项B正确;选项D错误,当有钢筋穿过裂缝并与两换能器的连线大致平行时,沿钢筋传播的超声波首先达到接收换能器,也会影响到测试结果的准确性,因此规范要求,两换能器的连线应避免与钢筋轴线平行;如无法避免,应使两个换能器连线与该钢筋的最短距离不小于超声测距的1/6。

2.【答案】(1)BC　(2)BD　(3)BC　(4)AB　(5)AD

【解析】(1)对于常规桥梁的动载试验,动态测试仪器的采样频率通常取200~500Hz,即采样周期为2~5ms,因此要求选用的传感器具有较好的动态响应速度,精密水准仪及连通管显然不能满足此要求。

(2)选项B、D可行。动态测试要保证所有通道同步采集,因此不能采用公用补偿的方式进行动应变测试;选项C显然是错误的。

(3)冲击系数应通过对行车试验的实测动挠度计算得到,当动挠度测试难度较大时,也可通过动应变信号获取冲击系数。

(4)频率分辨率 Δf 与采样频率 f_s、分析频率 f_b,数据长度 m、谱线数 n、采样时间 t 之间的关系是:$\Delta f = f_s/m = f_b/n = 1/t$。选项 A、B 均能满足频率分辨率不大于实测值1%的要求。频率分辨率其实只与振动信号的采样时间相关,但应注意分析频率必须大于被测频率。

(5)对该时域信号采用波形分析法,可计算得到自振频率和阻尼比。

多个周期平均计算得自振频率:

$$f_1 = \frac{n}{t_2 - t_1} = \frac{10}{22.330 - 17.120} = 1.919 \approx \frac{10}{22.595 - 17.375} = 1.916$$

阻尼比按下式计算:

$$D = \frac{1}{2\pi n}\ln\frac{A_i - A'_i}{A_{i+n} - A'_{i+n}} = \frac{1}{2\pi \times 10}\ln\frac{0.122 + 0.113}{0.063 + 0.062} = 0.010$$

3.【答案】(1)BC　(2)BD　(3)C　(4)B　(5)ABD

【解析】(1)混凝土表面风化以及物理、化学损伤造成的剥落视为对截面的削弱,其影响体现在混凝土截面折减系数 ξ_c 中,因此选项 A 正确,选项 B 错误;选项 C 错误,桥梁的设计抗力效应和设计荷载效应均需计入分项检算系数进行修正,根据比较结果评定承载能力;选项 D 正确。

(2)对在用桥梁,当结构或构件的承载能力检算系数评定标度 D 为 1 或 2 时,可认为结构或构件总体技术状况较好,可不进行正常使用极限状态评定计算,否则应引入检算系数 Z_1 或 Z_2 对限制应力、结构变形和裂缝宽度,进行正常使用极限状态评定计算。

(3)实际抗力效应 $R = 4900 \times 0.93 \times (1 - 0.05) = 4329.2\text{kN} \cdot \text{m}$。

(4)实际荷载效应/实际抗力效应 = 4710.0/4329.2 = 1.09。

(5)根据承载力极限状态检算,实际荷载效应与实际抗力效应的比值在 1.0 ~ 1.2 之间,承载能力不明确,应进行荷载试验进一步明确。本题中承载能力检算系数评定标度 $D \geqslant 3$,除进行承载力极限状态检算外,还应进行正常使用极限状态检算。

4.【答案】(1)B　(2)ACD　(3)ABC　(4)BCD　(5)B

【解析】(1)锚杆杆体长度必须与设计相符,用直尺测量,长度偏差不得小于设计长度的95%。

(2)锚杆孔位、孔深、锚杆抗拔力、锚杆锚固密实度均属于锚杆安装质量检查的内容,锚杆延展性属于锚杆材料力学性能检测内容。

(3)锚杆抗拔力检测标准为:检测数量为锚杆数的1%且每次不少于3根;同组锚杆抗拔力的平均值应不小于设计值;单根锚杆的抗拔力不得低于设计值的90%。

(4)锚杆外露长度不够时,需对受检锚杆做加长处理,可采用连接套筒接长,连接抗拉强

度应能承受100%杆体极限抗拉力;其余选项均正确。

(5)锚杆密实度检测应在锚杆锚固7d以后进行。

5.【答案】(1)ABC (2)AC (3)ABD (4)AD (5)B

【解析】(1)在众多隧道超前地质预报方法中,地质雷达法的有效探测距离较近,属短距离超前预报。

(2)地质雷达法主要适用浅部地层、岩溶、空洞、不均匀体的探测预报。

(3)超声换能器不属于地质雷达组成部件。

(4)地质雷达法预报距离一般不超过30m;工作天线的频率相对较高,探测距离越短。

(5)对于煤层瓦斯、岩溶,应采用以地质调查法为基础,超前钻探法为主的综合超前地质预报法;地下水和导水结构应采用红外探测法或高分辨直流电法或瞬变电磁法进行探测。

模拟试题三

一、单项选择题

1.【答案】A

【解析】桥梁工程质量等级评定分合格与不合格两个等级,并按分项工程、分部工程、单位工程、合同段和建设项目逐级评定,且只有当所属各分项/分部/单位工程全部合格,该分部/单位/建设项目(合同段)工程才能评为合格。

2.【答案】A

【解析】松弛率为松弛应力与初始应力的比值,可用松弛率来评价钢材的应力松弛性能。本题中,应力松弛率为(317 - 308)/317 = 2.83%。

3.【答案】C

4.【答案】B

【解析】在竖向设计承载力作用下,盆环上口径向变形不超过盆环外径的0.05%。

5.【答案】B

【解析】无纺土工织物试样测定经向的撕裂强度时,剪取试样长边应与织物经向平行,使切缝垂直于经向;测定纬向撕裂强度时,剪取试样长边应与织物纬向平行,使切缝垂直于纬向。

6.【答案】C

【解析】统一测强曲线是根据大量的试验资料,制定的回弹值与混凝土抗压强度之间的关系曲线。在工程应用中的适用条件也应与当时的试验条件相接近。规范限定了全国统一测强曲线的适用条件,包括混凝土集料、外加剂、成型工艺、模板、养护条件等,对于检测人员来说尤其应注意回弹法统一测强曲线适用于自然养护14~1000d、抗压强度为10~60MPa的混凝土,超声回弹综合法适用于自然养护7~2000d、抗压强度为10~70MPa的混凝土。

7.【答案】B

【解析】钻芯法抗压试验的芯样试件宜使用标准芯样试件,其公称直径不宜小于集料最大粒径的3倍;也可采用小直径芯样试件,但其公称直径不应小于70mm且不得小于集料最大粒径的2倍。

8.【答案】D

【解析】混凝土的电阻率反映其导电性,混凝土中钢筋一旦发生锈蚀,混凝土电阻率越小,就越容易激发微电池的活动性,致使钢筋锈蚀的发展速度越快,且扩展能力越强,因此选项A错误。混凝土电阻率测试通常采用四电极法,是通过检测混凝土表面的电阻率推测其内部电阻率,因此混凝土表面的碳化层和潮湿均会影响测试结果,故选项B、C错误。现场测试时,混凝土应保持自然状态(只在电极前端涂抹少量耦合剂),并且应去除混凝土表面的碳化层。

9.【答案】C

【解析】超声法检测混凝土结构内部缺陷,当混凝土内部存在缺陷时,一般会发生声时增大、接收波幅衰减、接收频率降低、波形畸变等。选项C零声时异常往往是仪器故障造成的。

10.【答案】D

【解析】目前钢结构构件内部缺陷的无损检测方法主要包括:超声波法探伤、射线探伤、磁粉检测法和渗透检测法。

11.【答案】C

【解析】进行深层平板荷载试验时,承压板应选用直径为800mm的刚性板,如采用厚约300mm的现浇混凝土板,紧靠承压板周围外侧的土层高度不应小于0.8m。

12.【答案】D

【解析】《公路工程基桩动测技术规程》(JTG/T F81-01—2004)中对于桩身完整性类别分类规定如下表所示:

声波透射法桩身完整性判定

类　别	特　征
Ⅰ类桩	各声测剖面每个测点的声速、波幅均大于临界值,波形正常
Ⅱ类桩	某一声测剖面个别测点的声速、波幅略小于临界值,但波形基本正常
Ⅲ类桩	某一声测剖面连续多个测点或某一深度桩截面处的声速、波幅值小于临界值,PSD值变大,波形畸变
Ⅳ类桩	某一声测剖面连续多个测点或某一深度桩截面处的声速、波幅值明显小于临界值,PSD值突变,波形严重畸变

13.【答案】B

【解析】评定标准专门指出:当上部结构和下部结构技术状况等级为3类、桥面系技术状况等级为4类,且桥梁总体技术状况评分为$40 \leqslant D_r < 60$时,桥梁总体技术状况等级应评定为3类。

14.【答案】D

【解析】桥梁总体的技术状况评分按下式计算,可得$D_r = 75.8$。

$$D_r = \mathrm{SPCI} \times W_{SP} + \mathrm{SBCI} \times W_{SB} + \mathrm{BDCI} \times W_D$$

式中,W_{SP}为上部结构在全桥中的权重,按规范取值为0.4;W_{SB}为下部结构在全桥中的权重,按规范取值为0.4;W_D为桥面系在全桥中的权重,按规范取值为0.2。

15.【答案】C

【解析】桥梁养护规范规定,对于不同技术状况的桥梁分别采取不同的养护措施:1类桥梁进行正常养护;2类桥梁需进行小修;3类桥梁需进行中修,酌情进行交通管制;4类桥梁需进行大修或改造,及时进行交通管制,如限载、限速通过,当缺损严重时关闭交通;5类桥梁需要进行改建或重建,及时关闭交通。

16.【答案】D

【解析】根据应变的定义:$\varepsilon = \Delta L/L$,式中,L为标距。因此,该应变测量装置的分辨率为$0.001/100 = 10 \times 10^{-6} = 10\mu\varepsilon$。

17.【答案】D

【解析】现行《公路桥梁荷载试验规程》(JTG/T J21-01—2015)对荷载效率的取值规定为:交(竣工)验收桥梁取0.85~1.05,其他情形取0.95~1.05。

18.【答案】C

【解析】汽车荷载效应计入冲击系数,人群荷载不计冲击系数。本题中,跨中截面的设计活载控制弯矩$=2250.0 \times (1+0.15)+430.0=3017.5(\mathrm{kN \cdot m})$。

19.【答案】A

【解析】静载试验位移或应变的测试数据按以下公式进行处理和分析:

总位移(或应变) $S_t = S_l - S_i$

弹性位移(或应变) $S_e = S_l - S_u$

残余位移(或应变) $S_p = S_t - S_e = S_u - S_i$

相对残余位移(或应变) $\Delta S_p = S_p/S_t \times 100\%$

式中,S_i为加载前的位移(或应变)初值;S_l为加载达到稳定时的测值;S_u为卸载后达到稳定时的测值;ΔS_p为相对残余位移(或应变)。

本题中,相对残余应变为:

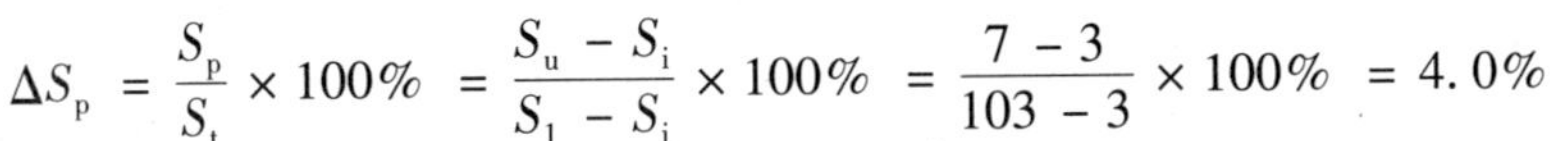

$$\Delta S_p = \frac{S_p}{S_t} \times 100\% = \frac{S_u - S_i}{S_1 - S_i} \times 100\% = \frac{7-3}{103-3} \times 100\% = 4.0\%$$

20.【答案】D

【解析】采用频域分析法时，根据采样定理，采样频率 f_s 必须大于被测信号最高频率 f_{max} 的两倍（称为 Nyquist 频率）以上，采样结果才能重构原来的信号（频谱不失真）。本题中 $f_{max}=10Hz$，为满足采样定理、避免频率混叠，采样频率 f_s 不得低于 20Hz，因此选项 D 正确。如果采用时间历程曲线来计算自振频率（称为时域法或波形分析法），则采样频率不宜低于 25 倍的有用信号频率。

21.【答案】C

【解析】活载影响修正系数 ξ_q 为不小于 1 的系数，根据实际交通量、大吨位车辆混入率和轴荷分布情况确定，反映实际通行汽车荷载与设计荷载标准之间的变异，是对设计汽车荷载效应的修正。

22.【答案】A

【解析】选项 A 正确；选项 B 错误，桥梁技术状况等级主要反映的是桥梁的总体表观现状，承载能力是综合更多因素的指标，与桥梁技术状况等级有关，但并不能由技术状况等级直接判断承载能力是否满足要求；选项 C 错误，如通过荷载试验确定检算系数 Z_2 后重新检算，荷载效应与抗力效应的比值小于 1.05，判定桥梁承载力满足要求；主要测点的相对残余变位或相对残余应变超过 20% 可判定桥梁承载力不满足要求，反之却不能仅凭此一项指标符合规定就判定桥梁承载力满足要求，因此选项 D 错误。

23.【答案】D

【解析】公路隧道结构由主体结构和附属结构两部分组成，其中，主体结构是为了保持围岩体的稳定和行车安全而修建的人工永久建筑物，排水导坑不属于公路隧道结构中的主体结构。

24.【答案】B

【解析】对于不同性质的岩体，炮眼痕迹保存率应满足：硬岩不得低于 80%，中硬岩不得低于 70%，软岩不得低于 60%，松散软岩很难残留炮痕，主要以开挖轮廓是否平整圆顺来认定是否合格。

25.【答案】B

26.【答案】C

27.【答案】C

28.【答案】C

【解析】超前小导管的注浆孔孔径宜为 6 ~ 8mm，间距宜为 150 ~ 250mm，呈梅花形布置。

29.【答案】B

【解析】地质雷达是一种多用途设备,其工作天线的频率应根据检测对象和目的不同以及探测距离进行选择。天线频率越高,探测分辨率越高,有效探距越短;反之天线频率越低,则分辨率越低,探距越长。400MHz 天线可用于隧道衬砌结构探测,目前尚无 4MHz、4GHz 规格的雷达天线。选项 B 正确,40MHz 天线预报距离大约为 20～30m。

30.【答案】C

【解析】《公路隧道施工技术规范》(JTG F60—2009)规定:瓦斯隧道装药爆破时,爆破地点 20m 内风流中瓦斯浓度必须小于 1.0%;总回风道风流中瓦斯浓度必须小于 0.75%。

二、判断题

1.【答案】正确

2.【答案】正确

3.【答案】不正确

【解析】对于盆式橡胶支座竖向承载力试验,每次、每级径向变形应取该次、该级加载时 4 个径向位移传感器(千分表)读数的绝对值之和的一半。

4.【答案】不正确

【解析】顶破强度是反映土工织物抵抗垂直织物平面的法向压力的能力;撕裂强度是试样在撕裂过程中抵抗扩大破损裂口的最大拉力。

5.【答案】不正确

【解析】依据国家标准(GB/T 14370),永久留在混凝土结构或构件中的连接器力学性能要求与锚具的相同,张拉后还需放张和拆卸的连接器力学性能要求与夹具的相同。

6.【答案】正确

【解析】采用半电池电位法检测钢筋锈蚀,对测试系统稳定性的要求包括:在同一测点,用相同参考电极重复两次测得的电位差值应小于 10mV;在同一测点,用两只不同参考电极重复两次测得的电位差值应小于 20mV。

7.【答案】不正确

【解析】基于电磁感应原理的钢筋无损检测技术,其测试结果受使用条件、外界干扰的影响较大,如箍筋影响、钢筋间距过小、上下层钢筋信号重叠、预应力束影响、外界电磁干扰等。当实测结果与设计有较大偏差时,不能过于依赖测试数据而轻易下结论,应采用更为可靠、直接的手段验证仪器是否正常、干扰造成的偏差是否过大、工作环境是否适用等,规范规定应选取不少于 30% 的已测钢筋,且不少于 6 处采用钻孔、剔凿等方法验证。

8.【答案】正确

【解析】裂缝深度不超过 500mm 的称为浅裂缝,超过 500mm 的称为深裂缝。对于浅裂缝,如结构物的裂缝部位具有两个相互平行的测试表面,可采用斜测法,如不具备此条件可采用单面平测法。对于深裂缝一般采用钻孔对测法,即在裂缝两侧钻孔后放置换能器进行对测。

9.【答案】不正确

【解析】混凝土发生碳化,使混凝土碱度降低,对钢筋的保护作用减弱,当碳化深度超过钢筋保护层厚度时,就会使混凝土失去对钢筋的保护作用,在水与空气存在的条件下,钢筋容易发生锈蚀。当二者比值<0.5 时,混凝土碳化深度评定标度为 1;二者比值≥2 时,混凝土碳化深度评定标度为 5。

10.【答案】正确

【解析】混凝土中氯离子含量检测,每一测区取粉的钻孔数量不宜少于 3 个,取粉孔可以与碳化深度测量孔合并使用。

11.【答案】正确

【解析】扩大基础比桩基础与土体的接触面积更大,所以单位面积对土体的作用力较小,对土层强度要求较低,埋深较浅。因此,桥梁扩大基础位于坚硬的岩层上时,可不必检测地基承载力。

12.【答案】不正确

【解析】高应变动力试桩法是通过与桩应力水平相近的重锤冲击桩顶,通过测定冲击波作用下的加速度与应变信号,获取力和速度时程曲线,其结果可用于基桩承载力和质量完整性的分析判断。

13.【答案】不正确

【解析】结构混凝土强度的评定标度根据推定强度匀质系数 K_{bt} 和平均强度匀质系数 K_{bm} 综合确定。混凝土推定强度匀质系数为实测强度推定值与设计强度的比值,即 $K_{bt}=\frac{R_{it}}{R}$;混凝土平均强度匀质系数为测区强度平均值与设计强度的比值,即 $K_{bm}=\frac{R_{im}}{R}$。混凝土强度的评定标准见下表:

标度	1	2	3	4	5
K_{bt}	≥0.95	(0.95,0.90]	(0.90,0.80]	(0.80,0.70]	<0.70
K_{bm}	≥1.00	≥0.95	≥0.90	≥0.85	<0.85

14.【答案】正确

【解析】《公路桥梁技术状况评定标准》第 4.1.8 规定,当主要部件的评分为 4、5 类,且影响到桥梁安全时,可按照桥梁主要部件最差的缺损状况评定。这是考虑到各主要部件是以“串联”方式影响桥梁的安全,荷载作用由桥面依次传递到上部结构、墩台、基础、地基,某一个环节出现严重缺损都可能影响到桥梁的安全使用。主要部件不仅对安全使用至关重要,而

且维修工作量大、难度也较大,这种评定方法突出了安全因素的影响。

15.【答案】正确

【解析】当主要部件评分达到4类或5类且影响桥梁安全时,全桥总体技术状况等级可按主要部件最差的缺损状况评定。

16.【答案】不正确

【解析】现行桥规的设计荷载分车道荷载和车辆荷载两种形式。结构整体计算采用车道荷载;结构的局部加载、涵洞、桥台、挡土墙压力等的计算采用车辆荷载。

17.【答案】不正确

【解析】结构校验系数是实测弹性值与计算值的比值。校验系数大于1,表明结构的安全储备小于设计要求,反之则可认为结构工作状态正常。

18.【答案】正确

19.【答案】正确

【解析】根据振动法索力测试原理,在索的横向抗弯刚度可以忽略不计时,索力的计算公式为 $T=\frac{4WL^2f_n^2}{n^2}$。式中,T 为索张力(N);W 为索线密度(kg/m);f_n 为索第 n 阶自振频率(Hz);L 为索计算长度(m);n 为自振频率阶数。由此可知,索力计算时无需考虑拉索与桥面夹角这一参数。

20.【答案】不正确

【解析】普通钢筋混凝土构件是带裂缝工作的结构,在荷载作用下,混凝土受拉区因开裂而退出工作,主要由钢筋受力,因此不能将应变片布置在该部位的混凝土表面上,通常是在测试区域凿除局部钢筋保护层,在钢筋上布置应变片,测试结束后及时修补钢筋保护层。对于全预应力和部分预应力A类构件,正常使用阶段结构全截面参与受力,此时应将应变片布置在混凝土表面上,而不得轻易损伤结构。

21.【答案】正确

【解析】桥梁承载能力检算系数 Z_1 是对结构抗力效应的修正系数,结构或构件的总体技术状况越差,根据查表得到的 Z_1 值越小,最终检算得到的桥梁实际抗力效应也越小。

22.【答案】正确

【解析】对于交(竣)工验收桥梁静载试验的荷载效率取0.85~1.05,其他情形则取0.95~1.05。

23.【答案】不正确

【解析】隧道开挖应严格控制欠挖,拱脚、墙脚以上1m范围内严禁欠挖。

24.【答案】不正确

【解析】喷射混凝土衬砌与围岩之间存在空洞时,喷射混凝土层局部形成孤立的薄壳结构,承载能力和稳定性大为降低;同时喷射混凝土衬砌没有形成对围岩的有效约束,围岩也失去了喷射混凝土衬砌的支护,可能进一步松弛,并可能导致塌方,围岩压力会进一步增大,导致衬砌开裂,影响隧道使用安全。因此,喷射混凝土背后不允许出现空洞和不密实现象。

25.【答案】不正确

【解析】采用地质雷达进行衬砌背后回填检测,若反射信号强,信号同相轴呈绕射弧形,不连续且分散、杂乱,则表明衬砌背后回填不密实。

26.【答案】正确

27.【答案】不正确

【解析】隧道注浆应根据使用目的选择适宜的注浆材料,以加固围岩为目的的注浆宜采用强度高、耐久性好的单液浆;以堵水为目的的注浆宜采用凝固时间短、强度较高的双液浆或其他化学浆液。

28.【答案】正确

【解析】地质雷达的预报距离不宜超过30m,主要用于浅部地层、岩溶、空洞、不均匀体预报;而地震波反射法的探测距离可达到100~150m。

29.【答案】不正确

【解析】检知管一旦使用后,管中的化学试剂已与一氧化碳发生了化学反应,因此不可重复使用。

30.【答案】正确

三、多项选择题

1.【答案】CD

【解析】栏杆、人行道、桥面铺装属于分项工程,划归在总体、桥面系和附属工程这一分部工程中。选项A、B属于分部工程。

2.【答案】BD

3.【答案】ACD

【解析】试验合格的支座,试验后可以继续使用;整体支座的试验结果若有两个支座各有一项不合格,或有一个支座两项不合格时,应取双倍试样对不合格项目进行复检,若仍有一个支座一项不合格,则判定该批产品不合格。若有一个支座三项不合格,则判定该批产品不合格。

4.【答案】ABD

【解析】土工布刺破强度试验仪器设备主要包含试验机、环形夹具、平头顶杆等装置;顶破夹具用于土工布顶破强力试验。

5.【答案】ACD

【解析】规范中,针对单个构件回弹检测时测区选择的规定主要包括:1)对一般构件,测区数不宜小于10个;当受检构件数量大于30各且不需提供单个构件推定强度,或受检构件某一方向尺寸不大于4.5m且另一方向尺寸不大于0.3m时,测区数量可适当减少,但不应少于5个;2)相邻两测区的间距不应大于2m,测区离构件端部或施工缝边缘的距离不宜大于0.5m,且不宜小于0.2m;3)测区宜选在能使回弹仪处于水平方向的混凝土浇筑侧面。当不能满足要求时,也可选在使回弹仪处于非水平方向的混凝土浇筑表面或底面;4)测区的面积不宜大于$0.04m^2$。

6.【答案】CD

【解析】钻芯法检测混凝土强度,芯样试件尺寸偏差及外观质量必须符合规范要求,超过下列数值时,相应的测试数据无效:1)芯样试件的实际高径比(H/d)小于要求高径比的0.95或大于1.05;2)沿芯样试件高度的任一直径与平均直径相差大于2mm;3)抗压芯样试件端面的不平整度在100mm长度内大于0.1mm;4)芯样试件端面与轴线的不垂直度大于1°;5)芯样有裂缝或有其他较大缺陷。

7.【答案】BD

【解析】采用低应变反射波法检测基桩完整性,桩径不大于1000mm时不宜少于2个测点,桩径大于1000mm时不宜少于4个测点;测振传感器安装于桩的1/2~2/3半径处,在桩中心处激振,这样激振引起的表面波从桩侧来回反射产生的干扰信号最小;而规定测点数随被检桩直径的增大而增多,是为避免桩顶材料不均匀所产生的不利影响及桩身可能存在局部缺陷时出现漏检等问题。因此选项B、D正确。

8.【答案】AC

【解析】钢筋混凝土结构在使用过程中,当满足锈蚀条件时(钢筋表面的钝化膜被破坏,且腐蚀介质、水分、空气侵入混凝土后)钢筋才会发生锈蚀,检测中主要以钢筋锈蚀电位来评价锈蚀状况;当满足锈蚀条件时,混凝土中氯离子含量过高则会诱发或加速钢筋的锈蚀,混凝土电阻率越低则锈蚀的发展速率越快,碳化深度超过钢筋保护层厚度时则会使钢筋失去碱性保护环境,更容易发生锈蚀。应注意到氯离子含量、混凝土电阻率、碳化深度这3项指标的作用只相当于催化剂,即只有满足钢筋锈蚀条件时其作用才显现,否则这3项指标并不能直接判定钢筋是否锈蚀及锈蚀程度。因此规范规定,对桥梁结构耐久性评价和承载力评定时,当钢筋锈蚀电位标度≥3时,认为钢筋有锈蚀活动性、发生锈蚀的概率较大,应进行混凝土碳化深度、氯离子含量及混凝土电阻率检测,否则这3项指标可以不作检测,其评定标度值取1。

9.【答案】ABD

【解析】声波检测法不能用于检测桩底的沉淀厚度,可用于检测桩的孔径和垂直度。

10.【答案】AB

【解析】侧墙变形、拱上填料沉降或开裂属于拱上结构的评定指标。

11.【答案】BCD

【解析】选项 A 错误，当桥梁扩大基础冲刷深度大于设计值，冲空面积达 20% 以上时，应评定该桥的总体技术状况等级为 5 类桥。

选项 B 正确，桥梁总体技术状况分类界限如下表所示，当 D_r 低于 40 时应判定桥梁为 5 类桥。

桥梁总体及结构技术状况分类界限表

技术状况评分	技术状况等级 D_r				
	1 类	2 类	3 类	4 类	5 类
D_r（SPCI、SBCI、BDCI）	[95,100]	[80,95)	[60,80)	[40,60)	[0,40)

注：当上部结构和下部结构技术状况等级为 3 类、桥面系技术状况等级为 4 类，且桥梁总体技术状况评分为 $40 \leq D_r < 60$ 时，桥梁总体技术状况等级应评定为 3 类。

另外，根据评定标准，当桥梁出现 14 种危及桥梁安全的问题（称为 5 类桥单项控制指标）之一时，整座桥应评定为 5 类桥，请详见相关规范的规定。选项 C、D 属于单项控制指标之一。

12.【答案】ABC

13.【答案】BCD

【解析】结构自振频率与结构的整体刚度呈正相关性，实测自振频率大于计算值，表明结构的实际刚度大于计算刚度，无需停止加载。其余选项的情况均可能危及结构的安全，应立即停止加载，查明原因。

14.【答案】ACD

【解析】在进行桥梁结构振型测试时，整个试验应布置固定参考点（可 1 个或多个），参考点布设在有足够量值响应的区域，并避开所测振型的节点；当振型测点较多，传感器数量不足时，可分批次测试，但参考点位置必须固定，且每一批次测试都要包括参考点。因此选项 A、C 的做法错误。在振动的任一时刻，各质点位移的比值保持不变，即振动的形状保持不变，将此振动形式称为振型，每一阶固有频率都对应一种振型。要注意到，对于桥梁结构（多自由度体系、多个频率成分），结构的振动形态≠结构振型，实际结构的振动形态不是一个规则的形状，而是各阶振型叠加的结果。因此振型图并非简单地将振动幅值绘制成图，一般采用专用软件、专用算法进行分析得到。故选项 D 错误。

15.【答案】AC

【解析】公路桥梁养护规范规定，桥梁检查的方式有经常检查、定期检查和特殊检查。其中，特殊检查的要求最高，其工作内容包含有承载能力检算或荷载试验等，其成果报告中应包括桥梁承载能力评定结论；桥梁定期检查和桥梁技术状况评定结果可作为承载力评定的依据之一，但都不能直接评判桥梁承载能力。

16.【答案】ABCD

【解析】公路隧道常见的质量和病害除了选项所述四种情形外,还包括衬砌厚度不足,混凝土强度不足和劣化,路面隆起、下沉、开裂,悬挂件锈蚀、松动、脱落、缺失,附属设施损坏等现象。

17.【答案】ABC

【解析】隧道开挖方法应根据围岩级别、隧道长度、隧道跨度、工期要求、机械设备等诸多因素确定,钻爆法(挖掘、爆破)是常用的方法。采用钻爆法时,开挖方式包括全断面法、台阶法、双侧壁导坑法、中隔壁法、弧形导坑预留核心土法等。破碎机法采用硬岩破碎机进行开挖,不属于钻爆法。

18.【答案】BCD

【解析】选项A错误,模筑混凝土衬砌拆模后应立即进行养护,普通混凝土养护时间不得小于7d,掺外加剂时不得少于14d。

19.【答案】ACD

【解析】根据各种超前地质预报的方法原理,选项A、C、D可用于隧道地下水发育情况的探测预报,而地震波反射法主要用于预报地层界线、地质构造、不良地质体范围等。

20.【答案】ABCD

四、综合题

1.【答案】(1)AB　(2)CD　(3)B　(4)C　(5)C

【解析】(1)混凝土抗弯拉强度试验的主要仪器设备有压力试验机或万能试验机、抗弯拉实验装置(即三分点处双点加荷和三点自由支承式混凝土抗弯拉强度试验装置)。

(2)加荷速度与混凝土强度等级有关,强度等级小于C30的加荷速度为0.3~0.5MPa/s,强度等级大于C30小于C60时的加荷速度为0.5~0.8MPa/s,强度等级大于C60的加荷速度为0.8~1.0MPa/s。

(3)当断裂面发生在两个加荷点之间时,以3个试件测值的算术平均值为测定值。3个测值中,最大值或最小值中如有一个与中间值之差超过中间值的15%,则取中间值为测定值;如最大值和最小值与中间值之差均超过中间值的15%,则该组试验结果无效,因此该混凝土的抗弯拉强度为6.30MPa。

(4)3个试件中,如有一个断裂面位于加荷点外侧,则抗弯拉强度取另两个试件测试值的均值,如果有2个试件均出现断裂面位于加荷点外侧,则该组结果无效。3号试件断裂面位于加荷点外侧,故抗弯拉强度=(5.8+6.5)/2=6.15(MPa)。

(5)当采用100mm×100mm×400mm非标准试件时,所取得的抗弯拉强度值应乘以尺寸换算系数0.85,结合解析(3),故该试件的抗弯拉强度为6.30×0.85=5.36(MPa)。

2.【答案】(1)AC (2)D (3)B (4)BCD (5)BC

【解析】(1)选项 B 表示扩径,选项表 D 示断裂。

(2)从波形图分析,该桩在约 11.0m 处有轻微的缩径反射信号,但桩底(3.15m 处)反射明显,桩身完整性应判定为Ⅱ类桩。

(3)加速度传感器的频响范围较宽、动态范围较大、失真度小,能较好地反映桩身的反射信息;速度传感器灵敏度高,低频性能好,用于检测桩体深部缺陷信息较好,本题中受检桩长度为 31.5m,属于长桩,用速度传感器能够更好地检测桩身深部的缺陷信息。

(4)由于反射波法受到多种条件制约和影响,使得一些缺陷桩难以判定,容易产生争议,此时应当根据缺陷程度和位置采用相应的其他检测方法,如现场开挖法、钻芯取样法、静载试验法或高应变检测法等进行验证。

(5)略。

3.【答案】(1)ACD (2)AB (3)BCD (4)CD (5)BC

【解析】(1)选项 B 错误,圬工桥梁无配筋,无需进行锈蚀状况检测。

(2)选项 A 正确;选项 B 正确,题述中专门描述"该桥位于厂区主干道交通繁忙且超重车辆较多",按规范应进行实际运营荷载状况调查,引入活载影响系数修正设计荷载作用效应;承载能力恶化系数反映了配筋混凝土桥梁结构的质量状况衰退,主要体现在钢筋锈蚀、破损等对结构耐久性的影响,圬工桥梁无配筋,无需考虑承载能力恶化系数,因此选项 C、D 错误。

(3)结构或构件截面折减系数反映的是由于材料风化、碳化、物理与化学损伤引起的有效截面的损失。

(4)拱顶截面正弯矩的实际荷载效应与实际抗力效应的比值在 1.0~1.2 之间,承载能力不明确,需进行荷载试验进一步判定;该桥的检算系数评定标度 $D<3$,按规范可不进行正常使用极限状态检算评定。因此选项 C、D 正确。

(5)承载能力检算系数 Z_1、Z_2 是对结构抗力效应的直接修正。根据题意,通过荷载试验获取 Z_2,则检算实际荷载效应与抗力效应之比为,根据规范,荷载试验后用 Z_2 代替 Z_1 重新检算,当荷载效应与抗力效应的比值小于 1.05 时,应判定承载力满足要求。因此选项 B、C 正确。

4.【答案】(1)ABC (2)ABD (3)BCD (4)ABCD (5)BD

【解析】(1)衬砌内部应力不属于必测项目。除了选项 A、B、C 外,洞内外观测属于必测项目。

(2)选项 C 错误。隧道周边收敛通常采用周边收敛计进行测量,只有在变形较大的软弱围岩条件下,量测仪器精度对量测结果影响较小或现场条件受限时,可采用全站仪进行周边收敛和拱顶下沉等的测量。

(3)围岩内部位移属于选测项目,选项 A 错误;对于双车道公路隧道的围岩内部位移量测,每断面应布置 3~5 测孔,每测孔应布置 3~5 个位移测点,常用仪器为杆式多点位移计,选

项B、C正确;选项D为该量测项目的基本目的。

(4)钢弦式传感器种类众多,在隧道监控量测中应用十分广泛。钢弦式钢筋应力计可用于锚杆轴力和钢架应力测量;钢弦式表面应变计可用于型钢钢架应力测量;钢弦式压力盒(大多采用双模式)可用于围岩接触压力测量;钢弦式应变计(混凝土内部预埋式)可用于衬砌内部应力测量。钢弦式应变计称谓较多,也不统一,但其基本原理相同,都是通过对钢弦振动频率的测量来换算应变,再得到应力或压力,只是在结构形式、安装方式、量测对象上有差异。

(5)隧道监控量测结果广泛采用经验方法进行信息反馈;拱顶下沉、周边收敛等必测项目的测试断面多、结果可靠性较高,其量测结果作为围岩稳定性判断的主要依据。位移速率为5mm/d时,说明拱顶下沉变形很大,应停止掘进,及时采取有效加固措施。

5.【答案】(1)BCD　(2)AC　(3)ABCD　(4)AC　(5)BCD

【解析】(1)略。

(2)土建结构技术状况评定的分项内容包括洞门、洞口、衬砌、路面、检修道、排水设施、吊顶及预埋件、内装和交通标志标线9部分。衬砌结构的权重最大(40分),主要检查内容为结构破损和渗漏水。

(3)略。

(4)隧道土建结构技术状况评定分类为:1类[100,85],2类(85,70],3类(70,55],4类(55,40],5类(40,0);应特别注意,当洞口、洞门、衬砌、路面和吊顶及预埋件的技术状况评定值达到3类或4时,对应土建结构技术状况应直接评为4类或5类。

(5)隧道土建技术状况可直接评定为5类的情形共有7种,相关内容详见考试用书。